DIREITOS HUMANOS E JURISDIÇÃO INTERNACIONAL

DIREITOS HUMANOS E JURISDIÇÃO INTERNACIONAL

2023

Carolina Barros de Carvalho Miranda

ALMEDINA

DIREITOS HUMANOS E JURISDIÇÃO INTERNACIONAL
© Almedina, 2023
AUTOR: Carolina Barros de Carvalho Miranda

DIRETOR ALMEDINA BRASIL: Rodrigo Mentz
EDITORA JURÍDICA: Manuella Santos de Castro
EDITOR DE DESENVOLVIMENTO: Aurélio Cesar Nogueira
ASSISTENTES EDITORIAIS: Larissa Nogueira e Letícia Gabriella Batista
ESTAGIÁRIA DE PRODUÇÃO: Laura Roberti

DIAGRAMAÇÃO: Almedina
DESIGN DE CAPA: Roberta Bassanetto

ISBN: 9786556278957
Agosto, 2023

Dados Internacionais de Catalogação na Publicação (CIP)
(Câmara Brasileira do Livro, SP, Brasil)

Miranda, Carolina Barros de Carvalho
Direitos humanos e jurisdição internacional /
Carolina Barros de Carvalho Miranda. -- São Paulo,
SP : Almedina, 2023.
Bibliografia.
ISBN 978-65-5627-895-7
1. Direito internacional - Jurisdição 2. Direitos
humanos 3. Jurisdição (Direito internacional)
I. Título.

23-154269 CDU-341:347.12.1

Índices para catálogo sistemático:

1. Jurisdição : Direito internacional e direitos humanos 341:347.12.1

Tábata Alves da Silva - Bibliotecária - CRB-8/9253

Este livro segue as regras do novo Acordo Ortográfico da Língua Portuguesa (1990).

EDITORA: Almedina Brasil
Rua José Maria Lisboa, 860, Conj.131 e 132, Jardim Paulista | 01423-001 São Paulo | Brasil
www.almedina.com.br

Ao João Pedro, meu filho, razão da minha vida e dos meus sorrisos;
Ao Edney, meu marido, o amor de toda a minha vida;
Aos meus pais Nora e Manoel, exemplo de vida.

A violação dos direitos em um só lugar da Terra é sentida em todos os outros

Immanuel Kant

AGRADECIMENTOS

A Deus, sempre e em primeiro lugar, toda a minha gratidão pela vida que me concede. Sem Ele, nada existiria!

Agradeço imensamente à Professora Doutora Maria José Rangel de Mesquita por me orientar na condução da tese de dissertação que ora se publica, bem como aos demais professores com quem tive a honra de aprender ao longo dos anos de estudo na Universidade de Lisboa, especialmente ao Professor Pedro Caridade de Freitas, que muito me inspirou nos estudos sobre Direito e Relações Internacionais.

Agradeço ainda ao Ronaldo Vasconcelos e João Paulo Hecker, que além de mentores da minha carreira como advogada, foram inspirações para a vida acadêmica.

Por fim, mas não menos importante, sou eternamente grata à minha família, especialmente aos meus pais que me possibilitaram realizar o sonho do concluir o mestrado e o apoio incondicional do meu marido durante a elaboração da dissertação.

SUMÁRIO

INTRODUÇÃO

O livro que ora se publica corresponde à dissertação de mestrado apresentada na Universidade de Lisboa e defendida pela Autora em 14 de dezembro de 2018, tendo obtido do júri a recomendação para publicação.

A obra compreende uma análise sobre a jurisdição internacional dos Direitos Humanos à luz do diálogo horizontal internacional entre as duas principais cortes regionais de Direitos Humanos – a Corte Europeia de Direitos Humanos (CEDH) e a Corte Interamericana de Direitos Humanos (CIDH).

Para se chegar à análise do diálogo entre as referidas cortes, propriamente, a Autora buscou antes analisar algumas questões teóricas relacionadas com a temática dos Direitos Humanos e, notadamente, da própria jurisdição internacional, para, assim, entender as bases do diálogo nas cortes e os casos concretos nos quais se verificou, efetivamente, a presença de um diálogo horizontal. É essa análise teórica antecedente que explica a divisão e sumário do livro na forma como foi proposta.

As razões para a escolha do tema desta obra. O fim da Segunda Guerra Mundial marcou a história do Direito Internacional, notadamente a história do Direito Internacional dos Direitos Humanos. Naquele momento histórico, iniciou-se um processo de extensa positivação dos direitos humanos, tendo como fonte material principal o engajamento político da comunidade internacional como resposta às inúmeras atrocidades cometidas durante a guerra.

O totalitarismo que deu lugar à Segunda Guerra Mundial (e outras tantas) rompeu com qualquer tradição do pensamento jurídico e descartou por completo o legado até então existente em matéria de direitos humanos. De outro lado, o pós-guerra surgiu como um momento de reconstrução do pensamento jurídico perdido e da construção de uma nova era para o direito internacional, e por consequência, também para o direito constitucional no plano das ordens jurídicas nacionais.

De fato, o pós-guerra significou um novo marco referencial e axiológico para os direitos humanos, fazendo nascer um direito internacional verdadeiramente novo, muito diverso do tradicional direito internacional público de então e muito mais próximo do reconhecimento e da aceitação das normas internacionais e da necessidade de cooperação dos Estados nacionais e soberanos. As obrigações dos Estados perante a sociedade e a própria comunidade internacional se tornam uma força motriz para a criação de uma nova ordem política internacional, calcada na ideia dos direitos humanos como *jus cogens* e das obrigações como obrigações de natureza *erga omnes*.

Não obstante esse novo cenário, a consolidação dos direitos humanos ainda encontrava muitos desafios e dificuldades, sobretudo em decorrência de ideologias contrapostas como universalismo e relativismo; direitos econômicos, sociais, culturais e globalização econômica; diversidade e intolerância, terrorismo e proteção de liberdades individuais. Nesse contexto, além de positivá-los, como seria possível tutelar os direitos humanos de forma efetiva?

Norberto Bobbio já ensinara com brilhantismo em sua célebre obra A Era dos Direitos, que a questão relacionada com a proteção dos direitos humanos deve envolver pelo menos três aspectos: a **promoção** de tais direitos, no intuito de consolidá-los como valores inerentes ao pensamento jurídico e político; o **controle**, ou seja, os mecanismos de monitoramento por meio de comunicações entre os Estados, elaboração de relatórios e petições individuais conclamando os Estados ao cumprimento dos acordos e obrigações assumidas e a **garantia**, consistente nas formas de efetiva tutela jurisdicional.

É precisamente neste contexto de necessária proteção e efetivação desses direitos perante a comunidade internacional que surge a jurisdicionalização dos direitos humanos e se desenvolve a justiça internacional. A justiça internacional se coloca assim como uma maneira de preencher o espaço que ainda faltava no ordenamento jurídico internacional, sendo, como nas palavras de Bobbio, uma *garantia em sentido estrito* dos direitos humanos.

É verdade que o ponto de partida da jurisdicionalização dos direitos humanos foi o Tribunal de Nuremberg, um dos tribunais *ad hoc* criados justamente para processar e julgar crimes contra a paz, crimes contra a humanidade e crimes de guerra, cometidos no período da Segunda Guerra Mundial. A importância do Tribunal de Nuremberg, tal como o de Tóquio, foi a criação de uma política de tipificação dos direitos humanos em matéria penal e eles são um tipo de precedente para a criação do Tribunal Pena Internacional, anos mais tarde.

Muito embora a jurisdicionalização dos direitos humanos na esfera penal seja de importância ímpar para o desenvolvimento do direito internacional como um todo, porquanto estabeleceu a possibilidade de responsabilização criminal individual, sendo assim uma plataforma emancipatória em matéria de direitos humanos e na ressignificação do princípio da dignidade da pessoa humana, pretendemos nos debruçar nesta obra apenas e tão somente nos sistemas regionais de proteção dos direitos humanos, como verdadeiros mecanismos que foram e continuam sendo na jurisdicionalização dos direitos humanos em matéria civil e no fortalecimento da justiça internacional.

Esclarecemos desde já que não é nosso intuito constatar ou debater qualquer tipo de dicotomia entre o universalismo e o regionalismo. Até mesmo porque, uma análise do âmbito de atuação da Organização das Nações Unidas, inclusive, nos permite afirmar que houve por parte das Nações Unidas um encorajamento dos sistemas regionais ao longo do tempo, talvez e justamente como uma forma de propiciar uma complementação do sistema universal de proteção dos direitos humanos. Veja-se, como exemplo, o próprio artigo 52 da Carta da Organização das Nações Unidas, que não ignora o papel desempenhando por organizações regionais em matérias como segurança internacional.

Neste cenário, as organizações regionais para proteção dos direitos humanos se colocam como uma via de criação e desenvolvimento de órgãos jurisdicionais de direitos humanos, caracterizando-se assim como importantes sistemas de proteção, cujo pressuposto é justamente o reconhecimento e aceitação de todos os princípios conformadores e delineadores dos direitos humanos, ou seja, a indivisibilidade, a universalidade e a interdependência (frutos da Declaração Universal de Direitos Humanos).

Ainda, e como poderá se observar no decorrer deste livro, os sistemas regionais de proteção dos direitos humanos se apresentam com vantagens relevantes perante a justiça internacional. Em primeiro lugar, por conta do compartilhamento de um espaço geográfico que limita a jurisdição, mas, sobretudo, e por isso mesmo, permite uma maior aproximação de culturas, ideologias políticas e concepções jurídicas. Em segundo lugar, e como consequência do primeiro, porque esse compartilhamento de ideias propicia uma maior influência do direito internacional (regional) sobre o direito interno, dando ensejo assim à criação de um *solo comum* em matéria de direitos humanos e direitos fundamentais.

Podemos facilmente observar esse tipo de aproximação, por exemplo, mediante a análise da atuação do sistema europeu de direitos humanos, criado pela Convenção Europeia de Direitos Humanos em 1950 e que, a nosso ver, é, sem dúvida, o mais sólido e eficaz sistema regional de proteção, contando com a participação de mais de 47 Estados membros, muito embora a Corte de Estrasburgo tenha nascido anos após a elaboração da mencionada Convenção.

Mas, o sistema interamericano não pode ser ignorado. O Pacto de São José da Costa Rica, aprovado no ano de 1969, deu ensejo à criação da Comissão e da Corte Interamericana de Direitos Humanos cujas funções de promoção e proteção dos direitos humanos foram – e continuam sendo – muito bem exercidas, notadamente no contexto social e político de redemocratização na América Latina após o período de regimes ditatoriais.

É assim que, dada a importância e relevância dos sistemas regionais de proteção dos direitos humanos como vetores de jurisdicionalização de tais direitos e como sistemas representativos da justiça internacional, nos propomos a aqui analisar de que maneira as cortes regionais efetivamente atuam como verdadeira jurisdicionalização dos direitos humanos e, sobretudo, na criação de uma sólida e responsável jurisprudência.

Nossa proposta, contudo, é mais do que simplesmente entender sua forma de atuação. O que pretendemos é, a partir de uma análise comparativa da jurisprudência regional em temas emblemáticos de direitos humanos, identificar a influência que as cortes regionais de direitos humanos, notadamente a europeia e a interamericana, exercem uma sobre a outra e de que maneira tal influência se apresenta como uma mola propulsora na defesa dos direitos humanos mediante a atuação da justiça internacional. E nesse processo de identificação de influências recíprocas, o diálogo judicial internacional se mostrou um dos mecanismos mais eficazes.

Assim é que o intuito desta obra é debater a atuação das cortes regionais europeia e interamericana de forma comparada, em um processo de diálogo judicial, e como prova definitiva da jurisdicionalização internacional dos direitos humanos.

Nossa premissa, portanto, é a análise de um *diálogo horizontal*. A diferença entre o diálogo horizontal e o diálogo vertical nos parece ser o fator da autoridade. Se desde já admitimos que no processo dialogal horizontal uma corte não exerce autoridade ou poder de imposição sobre a outra, ao contrário de como geralmente se dá o processo dialogal vertical, então o diálogo horizontal se caracteriza como um mecanismo de ampliação, harmonização e aproximação de perspectivas jurídicas.

Mais do que isso, o diálogo horizontal se justifica em um cenário no qual as cortes regionais analisam e julgam situações idênticas ou análogas e utilizam os mesmos tipos de técnicas para solucioná-las. Como pretendemos demonstrar nesta obra, o diálogo horizontal é fortemente favorecido pelo conteúdo genérico das normas de direitos humanos ou pela impossibilidade de que tais normas tenham condições de abarcar todas as circunstâncias e peculiaridades do cotidiano, o que torna ainda mais complexa a atividade de interpretação pelos julgadores.

Daí porque a importância da atuação comparativa dos juízes internacionais, ou no presente caso, dos juízes regionais, e a integração dos tribunais regionais à uma rede de influências recíprocas e precedentes.

A metodologia de pesquisa adotada para elaboração desta obra: Para a realização da pesquisa que culminou neste livro, três questões se mostraram essenciais.

Em primeiro lugar, se mostrou necessário compreender o processo de jurisdicionalização dos direitos humanos na ordem da justiça internacional sob a perspectiva de um contexto histórico, político e jurídico em que os direitos humanos se afirmaram como verdadeira resposta aos horrores da guerra e dos regimes totalitários e ditatoriais; se desenvolveram como normas cogentes, universais e indivisíveis, e, como consequência, demandaram a criação de sistemas de proteção para promoção, controle e garantia.

Em segundo lugar, se mostrou necessário compreender as facetas do processo dialogal tendo como ponto de partida o cenário atual da comunidade internacional, os processos de globalização e globalismo e seus efeitos sobre a soberania estatal e a necessidade de um diálogo equilibrado entre o direito internacional e o direito constitucional já que, em última análise, o diálogo horizontal entre os tribunais regionais deve exercer uma influência sobre os ordenamentos jurídicos internos. A partir daí, seguimos para a análise propriamente dita das questões teóricas que envolvem o diálogo judicial internacional e como, a partir delas, podemos adotar uma teoria para o diálogo horizontal das cortes regionais.

Em terceiro lugar, e tendo as questões teóricas e conceituais mais bem estabelecidas e definidas no que tange ao escopo desta obra, seguimos para a parte prática do livro que se ocupará de uma análise comparada para identificar, em um primeiro momento, as características gerais das cortes europeia e americana de direitos humanos, e, em um segundo momento, o processo dialogal instituído entre estas cortes, suas medidas e sua extensão. Com esta análise, poderemos identificar se, e de que maneira, o diálogo entre os sistemas regionais aprimora e fortalece a rede de proteção dos direitos humanos em nível internacional.

CAPÍTULO 1
BREVES NOÇÕES SOBRE OS DIREITOS HUMANOS E A JURISDIÇÃO INTERNACIONAL DOS DIREITOS HUMANOS

1.1. Conceito de Direitos Humanos

Como se sabe, existem diversos conceitos e entendimentos sobre os direitos humanos, muitos dos quais talvez pouco contribuam para a questão aqui discutida. Por esta razão, pretendemos abordar o conceito de Direitos Humanos no decorrer deste livro para além de uma visão simplista ou meramente didática, ainda que o centro desta pesquisa não seja essencialmente e, por si só, a temática dos direitos humanos.

O Professor Jorge Miranda, ao tratar sobre a recepção da Declaração Universal dos Direitos do Homem – DUDH pela Constituição Portuguesa, salientou com muita sabedoria que, embora os direitos do homem possam ser entendidos, *prima facie,* como direitos próprios e básicos, inerentes ao homem ou à sua noção de pessoa, eles se configuram no tempo de acordo com filosofias políticas, sociais e econômicas, além, é claro, das peculiaridades de cada momento histórico e lugar[1]. Para nós, a leitura detalhada de doutrina mais autorizada sobre a matéria nos permite chegar à mesma e inequívoca conclusão.

[1] MIRANDA, Jorge. ***A recepção da Declaração Universal dos Direitos do Homem pela Constituição Portuguesa – um fenômeno de conjugação de Direito Internacional e Direito Constitucional,*** R. Dir. Adm., Rio de Janeiro, 199: 1-20, jan/mar. 1995.

Nesse contexto, também nos parece perfeita a citação do Professor José Melo Alexandrino, quando afirma que:

> "se nos perguntarmos depois como se apresentam em geral os direitos humanos, a nossa resposta teria de ser esta: depende; depende do tempo, do lugar e do sujeito. Depende do tempo, porque nas duas fases que antecederam a nossa, os direitos humanos apresentaram-se primeiramente como representações morais, depois como aspirações, valores ou princípios políticos e morais5 e só mais recentemente como estruturas jurídicas. Depende do lugar, porque em certas regiões do planeta pouco mais são do que valores morais (ou não são sequer efectivamente reconhecidos a esse nível); na generalidade dos países, são reconhecidos como estruturas jurídicas heterogéneas; numa parte do Mundo chegam a apresentar-se como direitos subjectivos plenamente justiciáveis; depende ainda do lugar, porque nos sistemas de Estado constitucional os direitos humanos foram necessariamente transformados em Direito interno e garantidos a esse nível por múltiplos mecanismos e múltiplas instituições. Depende do sujeito, porque o homem comum, o filósofo, o poeta, o artista, o teólogo, o sociólogo, o economista, o jurista, etc., vêem nos direitos humanos coisas muito diferentes"[2].

De fato, identificar um único e absoluto conceito para os direitos humanos não é tarefa simples. Contudo, a definição que pretendemos aqui adotar é precisamente a de um conceito contemporâneo e que compreende várias áreas de concentração.

Se do ponto de vista meramente acadêmico os Direitos Humanos podem se confundir com a matéria do Direito Internacional dos Direitos Humanos, ou até mesmo serem sinônimos de direitos fundamentais, quando tratados dentro do ordenamento jurídico de determinado Estado, sob o enfoque histórico e contemporâneo, a definição de direitos humanos tem em sua base um aspecto filosófico-metafísico que lhe confere legitimidade[3]. É justamente esta dimensão humanista e meta-

[2] ALEXANDRINO, José Melo. Artigo publicado em janeiro de 2011 para o Congresso sobre *Tutela dos Direitos Humanos e Fundamentais,* denominado ***Hermenêutica dos Direitos Humanos:*** http://www.fd.ulisboa.pt/wp-content/uploads/2014/12/Alexandrino-Jose-de-Melo-Hermeneutica-dos-Direitos-Humanos.pdf. Consultado em 3 de agosto de 2017.

[3] NIKKEN, Pedro. ***El concepto de derechos humanos***. San José da Costa Rica: Instituto Interamericando de Derechos Humanos, 1994. Série Estudios de Derechos Humanos. p. 21.

física que afere aos direitos humanos a ideia de direitos naturais, inerentes ao ser humano.

De outro lado, NORBERTO BOBBIO[4] critica a fragilidade do conceito e origem dos direitos humanos cuja explicação esteja única e exclusivamente voltada à natureza humana e confere à definição um viés mais histórico, sustentando que "*os direitos humanos nascem como direitos naturais universais, desenvolvem-se como direitos positivos particulares (quando cada Constituição incorpora Declarações de Direito), para finalmente encontrar sua plena realização como direitos positivos universais*".

Na mesma linha de raciocínio de Bobbio, Hannah Arendt[5] afirma que os diretos humanos não são meramente direitos intrínsecos ao ser humano, mas direitos que, além de inerentes ao ser humano, estão em processo ininterrupto de construção e reconstrução, de modo que sua definição necessariamente precisa estar vinculada à evolução histórica e às influências sociais, econômicas e políticas.

Sob o aspecto didático ou acadêmico, os direitos humanos são, como já dito, basicamente um sinônimo da matéria de Direito Internacional dos Direitos Humanos, ou seja, o ramo do Direito que estuda os mecanismos de proteção dos indivíduos contra violações de seus direitos reconhecidos pela comunidade internacional[6].

Os direitos humanos têm validade universal e supranacional e precisamente por esta razão são protegidos pelo Direito Internacional dos Direitos Humanos, mais além do que os direitos fundamentais, que estão inseridos no ordenamento interno de cada Estado[7].

Como já mencionado, conceituar ou definir direitos humanos não é a finalidade desta obra. Contudo, compreender a noção dos direitos humanos como proposta nos conceitos acima mencionados nos torna suscetíveis a melhor entender o sistema jurídico que pretendemos abordar nesta dissertação, sem escamotear a ideia dos direitos humanos com

[4] BOBBIO, Norberto. ***A Era dos Direitos***. Tradução de Carlos Nelson Coutinho. Rio de Janeiro: Campus, 1988. P. 30.

[5] ARENDET, Hannah. ***As origens do totalitarismo***. Tradução de Roberto Raposo. Rio de Janeiro. 1979. p. 56.

[6] BURGENTHAL, Thomas; SHELTON, Dinah. STEWART, David. ***International Human Rights***. 3ª ed., 2002, St. Paul, Wets Group. p. 1-3.

[7] CANOTILHO, José Joaquim Gomes. ***Direito Constitucional e Teoria da Constituição***. 7ª ed. Coimbra: Almedina, 2003. p. 292.

toda a gama de ideias do próprio Direito, dos regimes políticos e das peculiaridades sociais e econômicas.

Cançado Trindade[8], nesse sentido, já afirmou reiteradas vezes que somente a perspectiva universalista se ajusta ao Direito Internacional dos Direitos Humanos. Ou seja: somente conseguiremos compreender a noção de universalização dos Direitos Humanos e suas ideias e concepções quando entendermos sua origem, sua definição e seu ideal, que certamente estão além da mera visão filosófico-metafísica, abarcando obrigatoriamente concepções históricas e políticas e, então, efetivando-se no mundo jurídico internacional.

Acreditamos, inclusive, que é justamente por conta dessa evolução conceitual, que compreende fenômenos históricos e políticos, que os direitos humanos alcançaram o atual *status* de categoria jurídica. É também a partir deste conceito mais profundo que podemos compreender que a importância e relevância dos Direitos Humanos conferem às suas normas uma natureza de *jus cogens*. Ao menos no que se refere aos direitos essenciais[9], os Estados não poderão derrogar tais normas[10].

Hoje não há mais dúvidas de que o Direito Internacional dos Direitos Humanos se fundamenta no princípio basilar da universalidade do ser humano e na igualdade de todos os indivíduos. A questão, portanto, não parecer mais ser simplesmente a de fundamentá-lo, mas, antes de tudo, protegê-lo e, nesse escopo, as Cortes regionais de Direitos Humanos

[8] Cançado Trindade, Antonio A. ***Tratado de Direito Internacional dos Direitos Humanos.*** Vol. I, 2ª ed. Porto Alegre: Sérgio António Fabris Editor. 2003. p. 37.

[9] Martins, Ana Maria Guerra. ***Direito Internacional dos Direitos Humanos.*** Coimbra: Almedina. 2013. p. 92.

[10] A noção de *jus cogens* ainda é questão um pouco controvertida, essencialmente quanto ao seu âmbito de aplicação. André Gonçalves Pereira e Fausto de Quadros *in* Manual de Direito Internacional Público (p. 282 e ss.) e Eduardo Correia Baptista *in Jus Cogens em Direito Internacional,* Lisboa, 1997, p. 396 consideram que os instrumentos direitos humanos são parte do *jus cogens.* Por outro lado, Frédéric Sudré *in Droit International* ét *européen des droits de l'homme,* 7ª ed. Paris: Puf, 2005. p. 83, consideram que aos DIDH não aplica-se o conceito de *jus cogens,* essencialmente pela possibilidade de derrogação de alguns direitos, assim como as hipóteses de reservas a tratados internacionais e ainda porque a noção de *jus cogens* exige a aceitação de uma hierarquia de normas, o que não ocorre no DIDH, em decorrência de sua unidade. De nossa parte, entendemos que algumas normas de DIDH possuem sim natureza de *jus cogens* ao menos em relação a outros ramos do Direito Internacional.

possuem um papel preponderante, o qual pretendemos melhor analisar na presente obra.

1.2. Desenvolvimento histórico e jurídico do Direito Internacional dos Direitos Humanos

Historicamente, sabe-se que os direitos humanos evoluíram ao longo dos séculos como o reflexo de uma sociedade cada vez mais consciente da inadequada atuação por parte dos Estados, sobretudo ao longo do século XX.

É verdade que antes mesmo da Era Contemporânea já se via alguma proteção a nível internacional dos direitos humanos, ainda que em menor escala. Em 1555, por exemplo, o Tratado de Paz de Augsburgo reconheceu a igualdade entre luteranos e católicos no território pertencente ao Sacro Império Romano-Germânico. Em sentido parecido foram as disposições das chamadas *Capitulações,* cujo objeto era a proteção dos cristãos no território do Império Otomano e a proteção de residentes europeus na região do Oriente[11].

Além dos referidos tratados, cuja essência era eminentemente religiosa, bem como outros tratados também de cunho religioso, e igualmente celebrados entre a Santa Sé e os Estados, viu-se nos séculos seguintes o surgimento de outros tratados internacionais voltados à abolição da escravatura e do tráfico de escravos[12].

Veja-se ainda que as primeiras declarações nacionais de direitos, a exemplo da *Petition of Rights,* de 1689, do *Habeas Corpus Act,* de 1679, ambas do Reino Unido, da *Declaration of Rights,* de 1689, e a Declaração de Direitos da Virgínia, de 1776, as duas dos Estados Unidos, foram fortemente influenciadas pela lógica filosófico-metafísica do conceito de Direitos Humanos.

Ainda antes da Segunda Guerra Mundial, a proteção dos direitos do homem por meio do Direito Internacional já sofrera certa investida[13],

[11] MIRANDA, Jorge. Op. cit. p. 307.

[12] Congresso de Viena em 1814 com Tratados de Paz entre França, Austria, Rússia, Reino Unido e Prússia. "*No Tratado de Paris de 1814, a Inglaterra conseguiu também incluir um artigo adicional sobre a questão do tráfico de escravos, tendo a França assumido o compromisso de proceder à sua abolição num prazo de 5 anos.*" http://idi.mne.pt/pt/relacoes-diplomaticas-de-portugal/702-congresso-de-viena.html . Consultado em 12 de maio de 2015.

[13] MARTINS, Ana Maria Guerra. Op. cit. p. 97.

notadamente (I) pelo nascimento da denominada intervenção humanitária, com as Convenções de Genebra de 1864, 1906, 1929[14], com o intuito de proteção aos soldados e civis vítimas de conflitos armados, (II) a proteção de minorias nacionais, linguísticas e étnicas, por meio da elaboração do Pacto da Sociedade das Nações[15] e (III) a proteção de trabalhadores, por meio da criação da Organização Internacional do Trabalho – OIT[16].

Contudo, é efetivamente após a Segunda Guerra Mundial e os incontáveis e monstruosos abusos cometidos pelo regime nazista, com o famigerado Holocausto, que o mundo se deu conta da necessidade e obrigatoriedade de prover uma resposta, mais que política e, acima de tudo, jurídica.

Reconheceu-se a necessidade de se criar um mecanismo normativo, e ao mesmo tempo coercitivo, que fosse capaz de abarcar a maior quantidade possível de direitos humanos, de forma a torná-los mais plenos e efetivos.

É exatamente nesse contexto histórico e político que os direitos humanos surgiram com uma característica efetivamente global e universal, sendo, a partir de então, princípio basilar de todo o desenvolvimento que se seguiu a nível normativo internacional e, por via de consequência, na ordem jurídica interna da grande maioria dos Estados.

Podemos com isso afirmar que a Segunda Guerra Mundial é a origem mais imediata de todo sistema normativo de proteção dos direitos humanos em nível internacional. Em outras palavras, a Segunda Guerra Mundial é o marco histórico dos Direitos Humanos, ao menos da maneira pela qual o conhecemos hoje.

[14] Importante esclarecer que ainda depois da Segunda Guerra Mundial foram celebradas outras duas Convenções de Genebra, em 1949 e 1977.

[15] Pacto da Sociedade de 1919, aprovado pela Convenção de Versalhes. http://www.direitoshumanos.usp.br/index.php/Documentos-Internacionais-da-Sociedade-das-Na%C3%A7%C3%B5es-1919-a-1945/pacto-da-sociedade-das-nacoes-1919.html. Acessado em 5 de agosto de 2017.

[16] *"Fundada em 1919 para promover a justiça social, a Organização Internacional do Trabalho (OIT) é a única agência das Nações Unidas que tem estrutura tripartite, na qual representantes de governos, de organizações de empregadores e de trabalhadores de 187 Estados-membros participam em situação de igualdade das diversas instâncias da Organização".* http://www.ilo.org/brasilia/conheca-a-oit/lang--pt/index.htm. Acessado em 5 de agosto de 2017.

Nesse sentido, CELSO LAFER[17] consolidou seu entendimento de que os direitos humanos se tornaram um *tema global* de inspiração kantiana após a Segunda Guerra Mundial e, sobretudo, no pós Guerra Fria. Para o doutrinador, a comunidade jurídica internacional passou a adotar o conceito de que o indivíduo é um fim em si mesmo, e não meramente um meio. Inclusive, tal questão já fora antes destacada pelo próprio KANT, quando da formulação do conceito da *dignidade da pessoa humana*[18], cuja ideia e ideal passaram a orientar todo o procedimento de criação das normas internacionais em matéria de Direitos Humanos.

Ainda, a Segunda Grande Guerra comprovou que os Estados não estavam aptos a proporcionar de forma minimamente razoável a necessária proteção dos direitos inerentes aos indivíduos por meio de seu simples e modesto ordenamento jurídico interno. De fato, até aquele momento se via um direito interno tímido e ineficaz no que se refere à positivação de direitos fundamentais.

Contudo, os nefastos resultados da Segunda Guerra Mundial consolidaram a percepção de que somente os Estados com regimes democráticos amparados na positivação de direitos humanos poderiam ser eficazes no soerguimento da paz mundial e na segurança internacional. Por isso mesmo a ideia de que os direitos humanos deveriam ser determinados a partir de normas internacionais.

Foi também nessa conjuntura que se viu ser flexibilizado o austero conceito hobbesiano-maquiavélico da soberania estatal, cujo paradigma é o de que a lei da sobrevivência é a única lei efetivamente internacional. Tudo isso para se garantir, ou ao menos propiciar, que estruturas próprias do Direito Internacional pudessem manter a paz e garantir a proteção dos direitos dos indivíduos.

Assim é que, sob o aspecto jurídico e político, também se revelou necessário o desenvolvimento do Direito Internacional dos Direitos Humanos através da criação de organismos internacionais, dentre os

[17] LAFER, Celso. ***A ONU e os direitos humanos.*** Palestra feita pelo autor no Colóquio *A Carta de São Francisco: 50 anos depois,* organizado pela Área de Assuntos Internacionais do Instituto dos Estudos Avançados, no Conselho Universitário da Universidade de São Paulo, em 23 de junho de 1995.

[18] KANT, Immanuel. ***Fundamentação da metafísica dos costumes.*** Traduzido por Paulo Quintela, São Paulo: Abril Cultural, 1980. p. 134.

que mais se destaca, sem qualquer dúvida a Organização das Nações Unidas – ONU.

Para o Prof. Jorge Miranda[19], os Estados, por conta das consequências negativas do pós-guerra, reconheceram a imprescindibilidade de se institucionalizar a comunidade internacional, sendo que essa ideia está intrinsecamente vinculada à necessidade de proteção dos direitos humanos, porquanto os Estados, por si só, haviam fracassado neste ponto. Podemos afirmar que a criação da ONU foi o resultado de um consentimento dos Estados no sentido de que a segurança e a paz mundial seriam mais efetivamente garantidas por meio da atuação de uma organização cuja autoridade fosse previamente reconhecida pelos Estados nacionais.

Ou seja: a Organização das Nações Unidas nasceu justamente nesse contexto da história mundial, como uma nova tentativa de *constitucionalizar as relações internacionais e conferir estabilidade ao sistema internacional*[20], assim como outras organizações de caráter universal e/ou regional[21], cujos ideais têm sido relevantes como mecanismo de proteção internacional e desenvolvimento dos direitos humanos.

Nesse sentido, o conteúdo de disposições da Carta da ONU, de 1945, acaba por superar o paradigma do *Estado de Natureza*[22], propondo a estruturação de uma comunidade internacional que faz rememorar os ensinamentos de Grócio, chegando à visão kantiana de *cidadania universal*, ou seja, tendo como princípio a ideia de que o sistema internacional se fundamenta em sociabilidade, solidariedade e cooperação entre Estados.

É também a partir destes princípios (*sociabilidade, solidariedade* e *cooperação entre Estados*) que o Direito Internacional passa a desenvolver um papel mais decisivo e preponderante, considerando as necessidades de todos os seus sujeitos: indivíduos, Estados e as próprias organizações internacionais.

[19] Miranda, Jorge. Op. cit. p. 309.

[20] Lafer, Celso. Op. cit.

[21] Diversas organizações no seio da ONU, sobretudo a a OIT, a Organização das Nações Unidas para a Educação, a Ciência e a Cultura – UNESCO e o Fundo das Nações Unidas para a Infância – UNICEF, e ainda a Organização para Alimentação e a Agricultura – FAO e a Organização Mundial de Saúde – OMC.

[22] Wight, Martin. ***A política do poder***. Tradução de Carlos Sérgio Duarte, Brasília: Editora da Universidade de Brasília, 2002. p. 41.

No âmbito das organizações internacionais, notadamente no seio da Organização das Nações Unidas, nasceram as mais diversas normas internacionais em matéria de direitos humanos, tendo sempre como pressuposto os princípios da universalidade e igualdade dos indivíduos e com base no princípio da dignidade da pessoa humana.

Depois da Carta das Nações, que difunde ao mundo tais princípios, a base normativa do Direito Internacional dos Direitos Humanos ganhou ainda mais contundência com a promulgação da Declaração Universal dos Direitos dos Homens– DUDH, em 1948; com os ulteriores Pactos de 1966 (Pacto Internacional dos Direitos Civis e Políticos – PIDCP e o Pacto Internacional dos Direitos Sociais – PIDSEC); e com as demais convenções da própria ONU e de organizações regionais ao longo do século XX e XXI.

De fato, a Declaração Universal dos Direitos Humanos – DUDH, apesar de não ser mandatória, caracterizando-se assim como uma *soft law*, reconheceu internacionalmente os direitos humanos e encampou princípios norteadores desse ramo do direito, que serviriam de base e fundamento aos demais instrumentos normativos de caráter internacional.

Com a DUDH, também restou rompido definitivamente o modelo de Vestfália do Estado Moderno, surgindo um modelo de Estado cujo indivíduo é questão relevante e efetivo sujeito de direito internacional. Uma vez que o indivíduo é, finalmente, reconhecido como sujeito de Direito Internacional, nasce com isso a obrigação de que seus direitos sejam internacionalmente protegidos.

Não nos resta, portanto, qualquer dúvida de que toda essa normativa internacional, essencialmente através da criação das organizações internacionais, delineou o atual sistema global de proteção dos direitos humanos e influenciou, por óbvio, os sistemas regionais de proteção que se seguiram depois.

Vale ressaltar que, não obstante as cisões doutrinárias a respeito da natureza jurídica da DUDH, concordamos com o entendimento de parte da doutrina para quem as disposições contidas na Declaração se caracterizam como princípios gerais e fontes de Direito Internacional, sendo assim válidos para a totalidade dos Estados, ou seja, para além dos Estados-membros da ONU.

Para nós, este é o ensinamento mais aceitável e correto diante do desenvolvimento do Direito Internacional conjuntamente com a *convicção generalizada da inviolabilidade dos direitos do homem*[23].

Importante ressaltar que os mencionados princípios da DUDH são (I) universalidade, (II) prioridade, (III) unidade e (IV) centralidade de todos os direitos humanos, os quais devem nortear atuação dos Estados um perante o outro, perante seus indivíduos, perante as organizações e a comunidade internacional em geral.

Apesar de os direitos dispostos na DUDH terem como uma de suas características a indivisibilidade, existe uma tipologia que os decompõe em categorias, dando assim origem aos *direitos civis e políticos* e aos *direitos econômicos, sociais e culturais,* os quais estão também expressos separadamente nos já mencionados Pactos de 1966.

Além de não desrespeitar o princípio de indivisibilidade dos direitos humanos, essa divisão também caracteriza um importante desenvolvimento dentro do próprio Direito Internacional dos Direitos Humano, porquanto se fundamenta em critérios históricos, concepções político-sociológicas e também dogmáticas.

Os direitos civis e políticos, estabelecidos pelo PIDCP, têm sua raiz no Iluminismo, tendo sido amplamente difundidos nesse contexto dos ideais das revoluções francesa e americana, como reflexo, portanto, do liberalismo. Assim é que, ao se referir aos direitos civis e políticos, estamos tratando dos direitos relacionados com as liberdades individuais dos indivíduos.

Ou seja: trata-se de direitos que demandam, em geral, um sistema de abstenções por parte dos Estados, ou uma obrigação de não fazer.[24]

De viés um pouco contrário, os Direitos Econômicos, Sociais e Culturais, dispostos no PIDESC, têm origem em uma concepção não ocidental, no contexto do Estado Social do pós-guerra, demandando uma atuação positiva dos Estados, ou seja, uma obrigação de fazer.

Desta feita, os pactos se diferenciam em um primeiro momento quanto à sua natureza, ou seja, quanto ao tipo de obrigações impostas

[23] Miranda, Jorge. Op. cit. p. 320.

[24] É evidente que embora sejam direitos preponderantemente tidos como negativos, há dimensões positivas referentes à prestações normativas, institucionais e administrativas/procedimentais que são necessárias para eficácia e efetivação desses direitos.

aos Estados e, de forma mais pragmática, pelo sistema de controle e monitoramento que estabelecem quanto à atuação dos Estados na proteção dos direitos neles previstos[25].

Ainda, podemos entender que o contexto histórico e político daquele momento justificou a formulação de dois pactos em instrumentos distintos, porquanto a tensão da Guerra Fria impediria a aprovação de um único instrumento com natureza vinculativa e cujo conteúdo fosse a inserção de todos os direitos que vieram a ser de fato dispostos nos dois pactos. Basta verificar que os interesses dos Estados eram muito diversos, sobretudo no que diz respeito ao viés político-ideológico de suas atuações perante a sociedade. Não por outra razão, a ONU propiciou a elaboração de dois instrumentos distintos e que fossem capazes de conferir força jurídica vinculativa em matéria de direitos humanos.

É muito interessante abordar tal perspectiva histórica e ideológica para a melhor compreensão dos dois pactos. Contudo, a existência de dois instrumentos distintos não retira a necessidade de que a gama de direitos nele prevista seja estudada, analisada e, sobretudo, aplicada de forma conjunta, impedindo assim qualquer tentativa de inferiorização dos direitos econômicos, sociais e culturais em relação aos direitos civis e políticos, ainda que as obrigações impostas pelo PIDESC aos Estados sejam de implementação mais progressiva ou mais dificultosa.

Vale ainda dizer que a interpretação dos pressupostos jurídicos dos dois pactos nos permite concluir que os direitos neles positivados possuem certo grau de vinculação e interdependência, uma vez que a base de um direito previsto em determinado pacto pode estar enraizada em direito existente no outro pacto, ou, ainda, a eficácia de determinado direito pode depender da existência de um outro direito previsto no pacto diverso[26].

A respeito da questão da indivisibilidade dos direitos humanos previstos nos pactos internacionais, a ONU já pacificou seu entendimento por meio de decisão de sua Assembleia Geral, mencionando, dentre outas questões que: "*within the UN the debate on the internal status and*

[25] O sistema de controle do PIDESC é limitado ao envio de relatórios periódicos (artigo 16º do PIDESC), ao passo que o sistema de controle do PIDCP também inclui comunicações dos Estados e dos indivíduos (artigo 28º, 40º, 41º e 42º do PIDCP).

[26] Martins, Ana Maria Guerra. Op. cit. p. 175.

validity of the various types of rights Was 'resolved' in 1977 when the General Assembly adopted resolution 32/130 where it is stated that the various categories of Human Rights are mutually interrelated and inseparable and that one category cannot tae priority over another"[27].

Referida decisão proferida pela Assembleia Geral foi produto de um processo que se iniciou por ocasião da Conferência Mundial dos Direitos Humanos de 1968, no Teerã. Naquela oportunidade, alguns países do chamado *terceiro mundo* exigiram que os direitos econômicos e sociais recebessem, na prática, o mesmo *status* jurídico conferido aos direitos civis e políticos.

Nas décadas seguintes, corroborou-se o entendimento de universalização e internacionalização dos direitos humanos, desde então entendidos como direitos também indivisíveis. Veja-se, por exemplo, que a Declaração de Direitos Humanos de Viena, de 1993, apenas reitera o entendimento do parágrafo 5º da DUDH de 1948, segundo o qual "*todos os direitos humanos são universais, interdependentes e inter-relacionados. A comunidade internacional deve tratar os direitos humanos globalmente de forma justa e equitativa, em pé de igualdade e com a mesma ênfase*".

Inclusive, referida Declaração foi subscrita por uma totalidade de 171 países, o que apenas ratifica o caráter de universalidade e indivisibilidade dos direitos humanos, tal como já previsto pela própria Declaração Universal. Em realidade, a Declaração de Viena não apenas corroborou a matéria de universalidade e indivisibilidade dos direitos humanos extraída da Declaração Universal, como ampliou o consenso de grande parte dos países nesse contexto.

Não podemos deixar de mencionar que além da Declaração Universal dos Direitos Humanos, dos Pactos Internacionais e da já citada Declaração de Viena, outras convenções internacionais também foram criadas e agregadas à estrutura normativa internacional em matéria de direitos humanos.

Como exemplo, podemos citar a Convenção Relativa ao Estatuto dos Refugiados, de 1951, a Convenção contra Tortura e outros Tratamentos

[27] GLOPPEN, Siri; RAKNER, Lise. ***Human Rights and Development The Discourse in the Humanities and Social Sciences.Report*** Chr. Michelsen Institute Bergen Morway, 1993. http://bora.cmi.no/dspace/bitstream/10202/368/1/R1993.3%20Siri%20og%20Lise-07182007_1.pdf. Acessado em 13 de maio de 2016.

ou Punições Cruéis, Desumanos ou Degradantes, de 1984, a Convenção sobre os Direitos da Criança, de 1989, a Convenção sobre a Prevenção e a Punição do crime de Genocídio, de 1948, a Convenção Internacional sobre a Eliminação de todas as Formas de Discriminação Racial, de 1965 e a Convenção Internacional sobre a Eliminação de todas as Formas de Discriminação Contra a Mulher, de 1979.

O Direito Internacional dos Direitos Humanos também se desenvolve em nível regional com a criação de diversas organizações internacionais, convenções e declarações de direitos, bem como os respectivos órgãos jurisdicionais, que serão objeto deste livro de forma mais específica, notadamente os Tribunais da América Latina e da Europa.

Dentre algumas convenções em âmbito regional, é possível citar a Convenção Europeia de Salvaguarda dos Direitos dos Homens e das Liberdades Fundamentais, de 1950 e a Carta Social Europeia, de 1961, no âmbito de atuação do Conselho da Europa; a Carta da Organização dos Estados Americanos e a Convenção Interamericana de Direitos do Homem, de 1969; a Carta de Direitos Fundamentais da União Europeia, no âmbito das Comunidades Europeias; o sistema da Ata Final de Helsínquia, de 1975 e da Organização de Segurança e Cooperação na Europa; a Carta Africana dos Direitos do Homem e dos Povos, de 1981; a Declaração de Direitos do Homem no Islão, de 1990 e a Carta Árabe de Direitos do Homem, de 1994.

Como já era de se esperar, esse arcabouço normativo dos direitos humanos em nível internacional e regional, aqui apenas brevemente mencionado, atribuiu prioridade e hierarquia à matéria dos direitos humanos no cenário da comunidade internacional, propiciando a criação de mecanismos de controle e monitoramento de eventuais violações de direitos cometidas pelos Estados.

Evidentemente, houve – *como ainda há* – certa resistência de parcela dos Estados em consentir com a atuação de um órgão internacional dentro do sistema doméstico de controle jurisdicional e/ou político. Por esta razão é que somente em 1967, quase 20 anos após a formulação da Declaração Universal dos Direitos Humanos, a ONU deu início à fase intervencionista de sua atuação, passando a monitorar especificamente a situação da África do Sul, com fundamento na Resolução n. 1235, e depois a situação dos conflitos entre Israel e Palestina, por meio de procedimentos ostensivos.

No ano de 1970 foi criada a Resolução n. 1503 no âmbito do Conselho Econômico e Social – ECOSOC, cujo objetivo de controle está vinculado às violações relacionadas com o colonialismo e a ocupação territorial.

A partir do cenário traçado, de efetiva e extensa criação de normas internacionais e regionais nesta matéria, é que nasce a jurisdicionalização dos direitos humanos, o que acabaria por conferir maior efetividade ao cumprimento de tais direitos em grande parte do mundo.

Até aqui, podemos chegar à conclusão de que o nascimento e crescimento dos mecanismos de proteção dos direitos humanos se deram em algumas fases: (I) o primeiro momento, em que havia apenas poucas declarações de direito, contudo sem força vinculativa; (II) um segundo momento, de reconhecimento e consagração dos direitos humanos a partir da elaboração dos tratados e convenções com força normativa e igualmente aplicáveis às ordens jurídicas internas, mesmo que de forma indireta; (III) um terceiro momento, de acesso às instâncias judiciais internacionais e/ou regionais pelos sujeitos de direito internacional, inclusive pelos indivíduos (em virtude do alargamento da subjetividade do Direito Internacional) e, finalmente, (IV) um quarto momento, de importante criminalização internacional das violações mais graves aos direitos da pessoa humana e os mecanismos de garantias, por meio da atuação dos Tribunais Internacionais[28].

Ana Maria Guerra Martins[29] é uma das doutrinadoras que classificam os momentos acima mencionados em etapas de desenvolvimento histórico-jurídico dos direitos humanos, justamente com base na evolução da estrutura normativa da ONU e suas declarações e convenções.

Contudo, acreditamos que os quatro momentos acima citados de desenvolvimento dos direitos humanos não se subscrevem apenas à atuação das Nações Unidas, mas também a todos os demais órgãos e mecanismos de Direito Internacional, inclusive as organizações regionais e seus respectivos órgãos jurisdicionais[30].

[28] Conclusão adotada por meio das pesquisas realizadas por ocasião da elaboração do artigo mencionado no início deste capítulo, de minha autoria.

[29] Martins, Ana Maria Guerra. Op. cit. p. 170.

[30] Miranda, Jorge. Op. cit. p. 308.

Podemos afirmar ainda que, infelizmente, se comparados os dados de atuação das organizações internacionais e seus órgãos de jurisdição por todo o mundo, os resultados obtidos não são homogêneos, não obstante os princípios que norteiam todas as declarações e convenções de direitos humanos.

Evidentemente, há diversos fatores que contribuem para esta heterogeneidade. Dentre esses diversos fatores, podemos destacar que aqueles sistemas vinculados a Estados com homogeneidade política e ideológica, como as democracias, tendem a favorecer a efetividade dos instrumentos normativos internacionais, o que explica, por exemplo, o grande sucesso de sistemas regionais como o da Convenção Europeia e em grau um pouco menor, o Interamericano.

Também são fatores que se somam aos fatores políticos e ideológicos as questões culturais, religiosas e até mesmo jurídicas, o que também é possível verificar de forma mais homogênea no sistema europeu e depois no americano. Disto, podemos extrair outra conclusão importantíssima que é, a nosso ver, a maior possibilidade de sucesso e êxito dos sistemas regionais, mesmo em relação ao sistema universal das Nações Unidas.

Do outro lado, também podemos afirmar que a falta de homogeneidade quanto às questões políticas, ideológicas, culturais e jurídicas dificultam a efetividade dos sistemas de proteção dos direitos humanos, mesmo no que se refere aos sistemas regionais. Basta verificar, por exemplo, o caso do sistema africano.

Como explicam Hildebrando Accioly e Paulo Borba Casella, o sistema africano nasceu dentro da estrutura União Africana, a antiga Organização de Unidade Africana, por meio da elaboração da Carta Africana dos Direitos do Homem e dos Povos, em 1981. Apenas em 1998 é que restou estabelecida a criação de uma corte especializada na matéria de direitos humanos, por meio do Protocolo Adicional à Carta. Contudo, somente no ano de 2004 é que referido Pacto Adicional entrou em vigor, passando então a funcionar a Corte Africana[31].

Não obstante a Corte Africana tenha passado a funcionar em 2004, há inúmeras críticas à Carta Africana, porquanto suas normas não são efetivamente dotadas de força executória. Veja-se, por exemplo, que

[31] Accioly, Hildebrando, Silva, G.E. do Nascimento, Casella, Paulo Borba. ***Manual de Direito Internacional Público***. 19ª. São Paulo: Saraiva, 2011, p. 233.

muito embora a Carta disponha sobre a possibilidade de os indivíduos postularem ao Tribunal, esse direito somente será exercido se o Estado demandado houver reconhecido a competência da Corte para analisar e julgar processos individuais. Ou seja: o direito postulatório do indivíduo perante a Corte Africana é condicionado a uma cláusula facultativa de jurisdição[32], o que, na prática, acaba tornando tal direito ineficaz, a nosso ver.

Também não podemos deixar de destacar que há inúmeras críticas mesmo à atuação da ONU. Alguns acreditam que as decisões tomadas pelas Nações Unidas representariam, na verdade, a vontade de um grupo menor de países mais poderosos, ou seja, aqueles que possuem poder de veto perante o Conselho de Segurança, ou ainda, a vontade da maioria dos membros da Assembleia Geral. Há quem afirme, por outro lado, que a simples existência da ONU poderia ser um desrespeito à soberania nacional[33].

Ainda que possamos fazer críticas contundentes, a ONU desenvolveu um papel muito relevante no cenário do Direito Internacional, seja como órgão normativo em matéria de direitos humanos, seja como órgão mantenedor dos mecanismos de jurisdição internacional.

Certo é que a internacionalização dos direitos humanos fez criar um sistema internacional e regional, complexo e estruturado, de proteção aos direitos humanos a partir da integração dos tratados internacionais e das obrigações deles decorrentes, assumidas pelos sujeitos de Direito Internacional, notadamente os Estados nacionais.

[32] Ribeiro do Nascimento, Marília Aguiar. ***O acesso do indivíduo às instâncias de proteção do Sistema Africano de Proteção dos Direitos do Homem e dos Povos.*** Revista de Direito Internacional, Brasília, v. 9, n. 1, jan/jun. 2012, pp. 103-124.

[33] Em fevereiro de 2016 a Venezuela, em seu mês frente ao Conselho de Segurança, defendeu a soberania nacional, afirmando que "*a coexistência pacífica entre as nações pode ser obstaculizada por tentativas de ignorar o direito dos países e de seus povos a decidir seu futuro*". Naquela oportunidade, o então secretário Ban Ki-monn relembrou que em matérias como direitos humanos não se justifica escudar-se na defesa do princípio da soberania dos Estados, inclusive porque os abusos colocam em risco a paz mundial.
https://www.terra.com.br/noticias/mundo/onu-analisa-limites-de-suas-atuacoes-frente-a-soberania-nacional,7376b8d1fb79c47ac816ddfe95fc32b6x6rc2zm3.html. Consultado em 5 de julho de 2017.

1.3. Justiça Internacional e a jurisdicionalização dos Direitos Humanos – Aspectos gerais

Dois aspectos são importantes para melhor compreendermos de que maneira efetivamente se concretizou o processo de jurisdicionalização internacional dos direitos humanos: as particularidades da justiça internacional, como efetivo mecanismo institucional de proteção dos direitos humanos que é[34] e a extensão dos tratados internacionais de direitos humanos.

De acordo com o entendimento da Professora MARIA JOSÉ RANGEL DE MESQUITA[35], "*por Justiça Internacional pode entender-se a garantia do Direito Internacional e a resolução pacífica de diferendos de quaisquer meios permitidos e consagrados pela Ordem Jurídica Internacional*".

Ou seja: a justiça internacional é, de fato, um mecanismo de garantia do Direito Internacional dos Direitos Humanos, sendo com isso superado o pensamento de que a proteção dos direitos humanos (ou fundamentais) deve ser matéria analisada e apreciada somente jurisdição doméstica dos países.

Nesse sentido, no entendimento de Bobbio, somente será possível atingir um estágio de garantia efetiva dos direitos humanos quando uma "*jurisdição internacional se impuser concretamente sobre as jurisdições nacionais, deixando de operar dentro dos Estados, mas contra os Estados, em defesa dos cidadãos*"[36].

O entendimento de Bobbio tem uma razão de ser: apesar de acreditarmos que a jurisdição internacional só possa se impor sobre a jurisdição nacional (e em último grau) em matérias de direitos humanos, precisamos admitir que foi apenas por meio da criação de uma justiça internacional que surgiu, em sentido material e institucional, a figura de uma "autoridade" competente para apreciar e declarar os direitos positivados na normativa internacional, a fim de solucionar casos graves através de uma sentença com natureza vinculativa para as partes envolvidas.

Foi precisamente a partir da metade do século passado, como já esclarecido, que o direito internacional amadurece, com os sistemas de reso-

[34] MIRANDA, Jorge. Op. cit. p. 315.

[35] RANGEL DE MESQUITA, Maria José. ***Justiça Internacional – Lições Parte I***, Lisboa: AAFDL, 2010. p. 89.

[36] BOBBIO, Norberto. Op. cit. p. 45.

lução de controvérsias da justiça internacional, sobretudo a jurisdição *strictu sensu* e seus tribunais internacionais e regionais, como a Tribunal Internacional de Justiça, o Tribunal Penal Internacional e todos os tribunais regionais, como a Corte Europeia e a Americana.

Com a justiça internacional, tem-se (I) o reconhecimento, seja pelos Estados, seja pela sociedade, da efetividade das normas internacionais e, mais ainda, das normas de direitos humanos e (II) maior segurança jurídica para o Direito Internacional.

Como se verá em itens posteriores, também há algumas críticas em relação à justiça internacional. Para Kingsbury, viveríamos um cenário de *judicialização excessiva*[37]. Para outros, trata-se de um *governo global de juízes*, o que poderia ser contrário às expectativas de autogoverno dos Estados e sua soberania nacional[38].

Discordamos desse tipo de entendimento porque antes que se possa admitir a atuação da justiça internacional em qualquer dos seus âmbitos de jurisdição, é necessário que os Estados ratifiquem as convenções que instituem os tribunais internacionais e regionais existentes.

Ou seja: em qualquer das hipóteses, a participação ou não de um país em uma resolução de conflito internacional decorre de sua própria autonomia de vontade. E essa questão é ainda mais relevante no que se refere aos direitos humanos, porquanto se trata da categoria mais premente do Direito Internacional Público.

Não se quer com isso admitir que os Estados, por conta de sua soberania ou autonomia da vontade, possam simplesmente se eximir de ratificar uma determinada convenção internacional. Antes, porém, estamos certos de que os Estados, mormente aqueles cujas raízes ideológicas, políticas e jurídicas estão fincadas nos princípios da democracia, o fazem porque entendem que a paz e a segurança podem ser minimamente garantidas através do reconhecimento da importância e da relevância dos direitos humanos, como direitos universais que são.

Com isso, considerando os aspectos gerais da justiça internacional, é necessário entender a dimensão e extensão dos tratados internacio-

[37] KINGSBURY, Benedict. ***Foreword: is the proliferations of Internacional Courts and Tribunals a Systemic Problem?***, New York University Journal of International Law and Policy, 1999.

[38] MACHADO, Jónatas E.M. MACHADO, Jónatas E.M. ***Direito Internacional***, 4ª edição. Coimbra: Editora Coimbra, 2013. p. 679.

nais em matéria de direitos humanos, a fim de conferir sua natureza e juridicidade. Nesse contexto é o importante ensinamento de Flávia Piovesan[39], para quem e natureza dos tratados internacionais envolve quatro questões principais, a saber:

(i) ***o consenso da comunidade internacional a respeito da obrigação de adotar parâmetros mínimos de proteção dos direitos humanos:*** os tratados internacionais revelam princípios ou uma pequena parte integrante de toda uma estrutura mais complexa e extensa de proteção e promoção dos direitos. Contudo, é justamente a partir dos tratados que os sujeitos de direito internacional, notadamente os Estados, estão obrigados a adotar as medidas necessárias à proteção em todos os seus aspectos, ou seja, no âmbito legislativo, no âmbito executivo com a adoção de políticas públicas e administrativas e no âmbito jurídico, assegurando-se o respeito e efetividade das normas existentes;

(ii) ***a relação entre a gramática de direitos e a gramática de deveres*** depois da elaboração de um tratado internacional, ou seja, a necessária intervenção na ordem jurídica interna dos Estados, nomeadamente no Direito Constitucional, a fim de garantir o cumprimento das regras estabelecidas. Trata-se, evidentemente, de uma questão complexa, pois pressupõe um vasto campo de obrigações dos países soberanos, seja pela prestação de obrigações positivas ou negativas;

(iii) ***a criação de órgãos protetivos*** que terão como objetivo primordial garantir a proteção e promoção dos direitos humanos por meio da criação de sistemas de controle de possíveis violações, a exemplo dos comitês e comissões e os próprios tribunais de solução de controvérsias. Trata-se, portanto, de uma dimensão dos tratados internacionais que não se relaciona apenas com a atuação das organizações internacionais, mas também dos próprios Estados, porquanto estes também podem – e devem – instituir seus próprios sistemas de proteção dos direitos humanos;

(iv) ***a instituição de sistemas de monitoramento voltados à efetivação dos direitos humanos internacionalmente garantidos***, sendo esta uma di-

[39] Piovesan, Flávia Cristina. ***Direitos Humanos e a Jurisdição Constitucional Internacional***. Revista Brasileira de Direito Constitucional, n. 1, jan/jul, 2003. p. 145.

mensão mais específica que nasce a partir da dimensão anteriormente tratada, estando também adstrita à atuação dos Estados em sua ordem jurídica e política.

A nosso ver, consideradas essas extensões dos tratados internacionais como parte estrutural do Direito Internacional dos Direitos Humanos, além da capacidade sancionatória, um dos grandes desafios do Direito Internacional – e que se desenvolveu sobremaneira junto aos instrumentos de jurisdição – estamos diante das raízes e premissas da jurisdicionalização dos direitos humanos.

Assim é que atuam os tribunais regionais de direitos humanos, bem como o Tribunal Penal Internacional, além dos tribunais *ad hoc,* como os de Tóquio, Nuremberg, Bósnia e Ruanda que deixaram importantes legados para a história da justiça internacional.

Veja-se que, embora o Tribunal Penal Internacional, criado pelo Estatuto de Roma em 1998, tenha competência material para julgar importantes violações de direitos humanos como os crimes internacionais (genocídio, crimes de guerra, crimes contra a humanidade, por exemplo), sua competência é, no entanto, penal e subsidiária. Não obstante sua competência subsidiária, sem dúvidas a criação do TPI foi um importante passo dado pelo Direito Internacional dos Direitos Humanos.

Como já mencionado também, o avanço do Direito Internacional reside no sucesso dos sistemas regionais de solução de conflitos, notadamente os sistemas europeu e interamericano, com a criação de seus respectivos órgãos de jurisdição (que são o objeto deste livro).

E esse sucesso tem algumas razões de ser: da possibilidade de julgamento dos autores das violações de direitos humanos, nasce também a possibilidade de acesso direto e indireto[40] aos órgãos jurisdicionais pelo indivíduo, assim reconhecido como sujeito de Direito Internacional, e suas próprias capacidades processuais, representando assim uma das mais importantes conquistas da justiça internacional: a democratização do seu sistema[41].

[40] Protocolo 11 da Convenção Europeia de Direitos Humanos que passou a vigorar em 1º de novembro de 1998 e no caso da Corte Interamericana, o acesso ainda que por intermédio da Comissão Interamericana que encaminhará os casos à Corte, conforme Regulamento de 2009.

[41] Conclusão adotada por meio das pesquisas realizadas por ocasião da elaboração do artigo mencionado no início deste capítulo, de minha autoria.

Esses tribunais regionais têm evoluído ao longo das décadas como organismos de jurisdição dos direitos humanos, seja em relação à sua própria atuação jurisdicional, com a prolação de sentenças vinculantes e a criação de importantes precedentes em diversas matérias, seja em relação à parte estrutural e/ou orgânica. São, portanto, partes indissociáveis da justiça internacional.

Também é possível afirmar que atuação destes tribunais regionais caracteriza um importante mecanismo de persuasão dos Estados no que diz respeito aos compromissos e obrigações internacionalmente assumidos perante a comunidade internacional.

Com isso, podemos facilmente concluir que, se aceitamos a jurisdicidade de uma determinada norma de direito internacional e reconhecemos que isso representa uma garantia de exequibilidade e uma natureza de coercitividade, então é precisamente neste cenário que surge a jurisdicionalização dos direitos humanos e seus reflexos para o direito internacional como um todo.

CAPÍTULO 2
DIÁLOGO ENTRE O DIREITO CONSTITUCIONAL E O DIREITO INTERNACIONAL

2.1. Breve introdução à matéria do diálogo

A influência do direito internacional sobre o direito constitucional é manifesta e incontestável. Diversas Constituições modernas incorporam em seu conteúdo alguns direitos, notadamente direitos humanos, previstos em tratados internacionais ou declarações.

No Brasil, por exemplo, a Constituição Federal da República de 1988 traz em sua redação uma gama diversa de direitos fundamentais que estão dispostos em tratados internacionais sobre direitos humanos[42]. Além disso, a Constituição brasileira não apenas dispõe de direitos previstos em tratados internacionais, como também é aberta à introdução do direito internacional, dando *status* de norma constitucional aos direitos incorporados de tratados ou declarações internacionais que sejam ratificados pelo Estado e aprovados em cada Casa do Congresso Nacional, em dois turnos, por três quintos dos votos dos respectivos membros (art. 5º, § 2º e 3º, da CF)[43].

[42] O artigo 6º, da CF prevê, por exemplo, uma série de direitos sociais previstos no Pacto Internacional sobre Direitos Econômicos Sociais e Culturais, cujo texto foi aprovado pelo Congresso Nacional em 6 de julho de 1992.

[43] CF, Art. 5. *Todos são iguais perante a lei, sem distinção de qualquer natureza, garantindo-se aos brasileiros e aos estrangeiros residentes no País a inviolabilidade do direito à vida, à liberdade, à igualdade,*

Além disso, ao ratificar tratados internacionais, o Estado brasileiro se submeteu à jurisdição de diversos organismos internacionais tais como a Corte Interamericana de Direitos Humanos, o Tribunal Penal Internacional e o Tribunal Permanente de Revisão do Mercosul.

Em Portugal também não poderia seria diferente. A Constituição da República Portuguesa de 1975 também incorpora em seu conteúdo direitos previstos em tratados internacionais e igualmente estabelece em seu artigo 16º, n. 1 que "*os direitos fundamentais consagrados na Constituição não excluem quaisquer outros constantes das leis e das regras aplicáveis de direito internacional*". No número seguinte do artigo 16º, a Constituição Portuguesa afirma expressamente que os preceitos relacionados com os direitos fundamentais devem ser interpretados justamente com base na Declaração Universal dos Direitos do Homem.

Da mesma forma, Portugal ratificou diversos tratados internacionais e se submeteu à jurisdição de órgãos como a Corte Europeia de Direitos Humanos.

Podemos afirmar, portanto, que o direito internacional exerce influência propositiva sobre o Direito Constitucional contemporâneo e tal fato se dá precisamente porque os dois campos do direito regulam áreas idênticas da vida. Ou seja: *Direito Internacional e Direito Constitucional se reforçam e atuam em sinergia, no sentido, por exemplo, da promoção de valores humanitários que estão contidos tanto nas constituições democráticas como na normativa internacional de direitos humanos*"[44].

Contudo, não se pode negar a existência de pontos de conflito entre o direito internacional e o direito constitucional, os quais, geralmente, concentram-se em questões relacionadas com soberania. Mas não somente isso. Se o direito constitucional idealiza a Constituição como a lei

à segurança e à propriedade, nos termos seguintes: § 2º Os direitos e garantias expressos nesta Constituição não excluem outros decorrentes do regime e dos princípios por ela adotados, ou dos tratados internacionais em que a República Federativa do Brasil seja parte. § 3º Os tratados e convenções internacionais sobre direitos humanos que forem aprovados, em cada Casa do Congresso Nacional, em dois turnos, por três quintos dos votos dos respectivos membros, serão equivalentes às emendas constitucionais. (Incluído pela Emenda Constitucional nº 45, de 2004). http://www.planalto.gov.br/ccivil_03/constituicao/constituicao.htm. Consultado em 14 de agosto de 2017.

[44] SARMENTO, Daniel. ***O Direito Constitucional e o Direito Internacional: diálogos e tensões.*** In: Diálogos Jurisdicionais e Direitos Humanos. Coord: FLÁVIA PIOVESAN e JÂNIA MARIA LOPES SALDANHA. Brasília: Gazeta Jurídica, 2016. p. 93.

suprema de um Estado, o direito internacional idealiza toda a sua estrutura normativa em nível hierarquicamente superior ao direito interno dos Estados, mesmo em relação à própria Constituição.

Um exemplo claro nesse sentido é a redação do artigo 27 da Convenção de Viena sobre o Direito dos Tratados, segundo a qual "*uma parte não pode invocar as disposições de seu direito interno para justificar o inadimplemento de um tratado*"[45][46].

Certo é que as duas vertentes do direito possuem desígnios audaciosos quanto ao seu nível de regulamentação e talvez por isso, ou seja, talvez pela ambição de supremacia de seus postulados, surjam conflitos entre as duas áreas do Direito[47]. Aliás, não é de hoje que os pontos de conflitos entre internacionalistas e constitucionalistas geram debates e fazem nascer doutrinas diversas[48].

[45] Não são poucos os casos em que decisões de Cortes Internacionais contrariam disposições de direito interno dos Estados, ou mesmo normas constitucionais. Um destes casos, por exemplo, é a decisão da Corte Interamericana de Direitos Humanos a respeito da Lei de Anistia promulgada pelo governo brasileiro em 1979 (Lei n. 6.683, de 28 de agosto de 1979), declarada válida pelo Supremo Tribunal Federal, conforme julgamento da ADPF 153. A CIDH declarou inválida a Lei de Anistia brasileira por ocasião do julgamento do caso **Gomes Lund *vs.* Brasil**, em 24 de novembro de 2010, sob o fundamento de que o desaparecimento forçado é uma violação múltipla e continuada de direitos humanos; que o governo tem a obrigação de investigar e, se o caso, punir as graves violações de direitos humanos ; que há clara incompatibilidade entre as anistias concedidas, as graves violações de direitos humanos e o Direito Internacional; que é direito humano a liberdade de pensamento e de expressão e que também é direito humano o direito à integridade pessoal, dentre outras questões **(http://www.corteidh.or.cr/docs/casos/articulos/seriec_219_por.pdf.** Consultado em 14 de agosto de 2017**)**.

[46] Vale ressaltar que o mencionado dispositivo 27 da Convenção de Viena, em realidade, é apenas um reflexo de normas internacionais costumeiras e antigas, que já vinham sendo objeto de destaque em precedentes judiciais e decisões de arbitragens internacionais, conforme bem destaca André de Carvalho Ramos em sua obra ***Teoria Geral dos Direitos Humanos na Ordem Internacional.*** 3ª ed. São Paulo: Saraiva, 2013. p. 220.

[47] Ramos, André de Carvalho. ***Pluralidade de Ordens Judiciais: a Relação do Direito Brasileiro com o Direito Internacional.*** Curitiba: Editora Juruá, 2002. pp. 15-16.

[48] Dentre as doutrinas mais famosas sobre a questão, podemos citar a doutrina encabeçada pelos *dualistas,* segundo a qual Direito Internacional e Direito Constitucional são ordens jurídicas que operam de maneira absolutamente separada, que tratam sobre temas diversos e que por tal motivo, jamais poderiam entrar em conflito. Em sentido diametralmente oposto encontram-se os *monistas,* para quem o Direito Internacional e o Direito Constitucional formam um ordenamento jurídico único. Mello, Celso de Albuquerque. ***Curso de Direito Internacional Público,*** Vol. I, 15ª edição, Rio de Janeiro: Editora Renovar, p. 119.

Evidentemente, não é nosso intuito e objetivo tratar de forma apurada de cada um destes pontos de conflitos ou tensões. Antes de tudo, nos filiamos à corrente daqueles que acreditam que antes de qualquer tensão, o que existe é uma necessidade de que a interpretação constitucional esteja aberta ao Direito Internacional e todos os diálogos dele decorrentes, inclusive o direito comparado, sem que necessariamente esteja subordinada a ele[49]. Daí porque entendemos pela necessidade de que o direito internacional seja estudado e analisado sob o enfoque de um diálogo com o direito constitucional.

Partindo justamente desta premissa é que reconhecemos as influências que o Direito Internacional exerce sobre o direito constitucional e o direito interno, porém mais do que isso, reconhecemos que diálogo de fontes e o diálogo judicial entre cortes é uma realidade que não pode ser ignorada, porquanto se apresenta de forma indissolúvel na criação de um necessário e importante diálogo entre juízes e na possível criação de uma hermenêutica internacional em matéria de direitos humanos, fatos estes que apenas contribuem para a evolução do Direito.

Em outras palavras, reconhecemos a importância e coerência do direito internacional frente ao direito constitucional, sendo que tal coerência é facilmente percebida mediante a análise do método do diálogo judicial internacional, segundo a concepção de que o direito internacional não é um simples conjunto de normas esparsas, mas sim uma verdadeira estrutura normativa que se organiza de forma coerente[50]. E tal medida se revela importante porque, embora a *coerência* não seja um requisito de validade, é um requisito de *justiça* para qualquer ordenamento jurídico[51].

É que não se concebe a ideia de que um ordenamento jurídico, ou um sistema de proteção de direitos humanos, por exemplo, possa abrigar normas contraditórias, porquanto, se assim ocorrer, não será possível garantir a certeza, ou seja, a probabilidade de se adotar pré-determinadas consequências para determinadas condutas, tampouco a

[49] SARMENTO, Daniel. Op. cit. p. 96.

[50] AMARAL JÚNIOR, Alberto do Amaral. ***O "Diálogo" das Fontes: fragmentação e coerência no Direito Internacional Contemporâneo.*** Artigo apresentado no III Anuário Brasileiro de Direito Internacional, V. 2. 2010. p. 11.

[51] BOBBIO, Norberto. Op. cit. p. 46.

justiça, ou seja, o igual tratamento que deve ser dado àqueles que fazem parte de uma mesma categoria[52].

De outro lado, o estudo do diálogo judicial internacional se faz necessário porque acreditamos na *mundialização da justiça*. Não no sentido de um sistema jurídico único universal, mas no sentido de um *intercâmbio judicial* de ideias, conceitos e técnicas de julgamento que possam ser utilizadas em circunstâncias e casos análogos.

Evidentemente, esse termo não é de nossa autoria, mas este assunto do diálogo judicial internacional, e mesmo o assunto do diálogo entre cortes em geral, já vem há muito tempo sendo tratado por aqueles que acreditam no *commerce des juges*, ou seja, no comércio de juízes e decisões que têm origem justamente na confrontação entre culturas judiciárias[53].

Portanto, o que buscamos é entender a integração jurídica que se origina de um *diálogo transnacional*[54], com a ressalva de que nosso intuito, repita-se, jamais é o de defender a universalização das instituições sob um sistema jurídico único e comum, mas, defender a integração discursiva do direito[55], especialmente por meio do Direito Internacional e do diálogo entre juízes e entre cortes.

Até mesmo porque, confiamos que esta tal integração, ou seja, este diálogo entre juízes e entre cortes, pode ter um papel relevante no sentido de robustecer a própria jurisdição de cada sistema de proteção dos direitos humanos, e por via de consequência, a jurisdição de cada Estado nacional, na exata medida em que torna maior e melhor o nível de argumentação hermenêutica.

E, por fim, optamos pela análise comparada entre as técnicas de julgamento do Tribunal Europeu de Direitos Humanos e da Corte Interamericana de Direitos Humanos porque percebemos que há, de fato, uma troca de ideias e de entendimentos jurisprudenciais, embora às vezes por vetores ou razões diversas, sendo que alguns defendem, inclusive,

[52] AMARAL JÚNIOR, Alberto do Amaral. Op. cit. p. 12.

[53] ALLARD, Julie, GARAPON, Antoine. ***Les Juges dans la Mondialisation: La Nouvelle Révolution du Droit.*** Paris: Seuil, La République des Idées, 2005. p. 9.

[54] SILVA, Virgílio Afonso. in ***Direitos humanos, democracia e integração jurídica na América do Sul***, ARMIN VON BOGDANDY, FLÁVIA PIOVESAN, MARIELA MORALES ANTONIAZZI (orgs.). Rio de Janeiro: Lumen Juris, 2010: 515-530.

[55] RAMIRES, Maurício. ***Diálogo Judicial Internacional – o uso da jurisprudência estrangeira pela justiça constitucional.*** Rio de Janeiro: Lumen Juris, 2016. p. 92.

uma possível *europeicização* do sistema interamericano de proteção dos direitos humanos ao mesmo tempo em que há uma *americanização*[56] do sistema europeu.

Por esta razão queremos entender de que maneira tais diferenças podem ser benéficas ao diálogo judicial internacional e ao fortalecimento dos direitos humanos.

2.2. Soberania, Constituição, globalização e globalismo

Uma vez estabelecido o cerne da discussão, cumpre-nos entender as prementes questões que se colocam no entorno do debate acerca do diálogo judicial internacional.

É bem verdade que o objetivo primordial desta obra é estudar como se constrói esse diálogo judicial internacional, especialmente por meio da análise comparada entre o Tribunal Europeu de Direitos Humanos e a Corte Interamericana de Direitos Humanos.

Contudo, entendemos que para a melhor compreensão deste tema, é imprescindível fazer uma breve análise das teorias e conceitos que envolvem a soberania, o constitucionalismo, a globalização e o globalismo, porquanto todos estes fenômenos de alguma forma se entrelaçam e influenciam de forma determinante o Direito Internacional e a Justiça Internacional.

Queremos ressalvar desde já a nossa opinião de que estes fenômenos possuem inúmeros conceitos e teorias e eles vinculadas e que certamente não temos um único e incontroverso conceito a respeito destes temas, ou um conceito imune a críticas e polêmicas, sobretudo de razões ideológicas.

Também não ignoramos, como já dito antes, que há um entrelaçamento entre o Direito Internacional, especialmente no que tange à proteção dos direitos humanos, e o Direito Constitucional; e, sendo o constitucionalismo moderno assim entendido ou caracterizado como um sistema que limita o poder do Estado e garante direitos básicos, nada é mais adequado do que se entender de que maneira todas essas

[56] Os termos *europeicização* e *americanização* são utilizados por Flávia Piovesan, ao tratar do assunto do Diálogo entre Cortes em artigo de livro por ela coordenado, a saber, ***Diálogos Jurisdicionais e Direitos Humanos***, coord. Flávia Piovesan e Jânia Maria Lopes Saldanha, Brasília: Gazeta Jurídica, 2016. p. 175.

questões se cruzam de modo a causar algum impacto nos conceitos de soberania e constituição.

Até mesmo porque, somente esta análise nos permitirá compreender e identificar a estrutura que viabiliza e dá sustentação ao diálogo judicial internacional como fonte de consolidação de práticas democráticas.

Pois bem.

Soberania. No âmbito do paradigma clássico vestfaliano, o Estado é sem dúvida o principal sujeito de Direito Internacional[57]. Aliás, por séculos, o Estado foi por excelência o sujeito de Direito Internacional[58], intrinsecamente vinculado ao conceito clássico de soberania.

Para Pedro Caridade de Freitas, em uma concepção moderna, o Estado apresenta como algumas de suas características uma complexa estrutura de organização e atuação, poder institucionalizado permanente para além dos detentores temporais, autonomia perante a sociedade e sedentariedade em relação ao território geográfico[59]. O mesmo autor, fazendo referência a Jorge Miranda, reconhece que uma das principais características do Estado é a sua interdependência em fator nacional e sua concepção de poder em termos de soberania[60].

A soberania, portanto, não se concebe sem a existência do Estado, sendo a recíproca totalmente verdadeira. É que "*a soberania constitui essência do Estado, que lhe permite não reconhecer um superior nem na ordem interna nem na ordem internacional*".[61] É indivisível e inalienável, porque não há partilha de poder, independente do número de cidadãos que possam governar determinado Estado, e uma vez que é delegada, se

[57] MACHADO, Jónatas E.M. ***Direito Internacional. Do paradigma Clássico ao pós-11 de setembro.*** Coimbra: Coimbra Editora, 2003. p. 18.

[58] Para inúmeros doutrinadores da primeira metade do século XX, como Pasquale Fiore e Robert Redslob, in ***Le Droit International Codifié et as Sanction Juridique***, traduzido do italiano por Ch. Antoinem Paris: A. Pedone, Éditeur, 1911, p. 39 e ***Les Príncipes du Droit des Gens Moderne,*** Paris: Arthur Rousseau, 1937, p. 70, respectivamente, o Estado sempre foi o único sujeito de Direito Internacional.

[59] FREITAS, Pedro Caridade de. ***Portugal e a Comunidade Internacional na segunda metade do século XIX.*** Lisboa: Quid Juris, 2012. p. 183.

[60] MIRANDA, Jorge. ***Manual de Direito Constitucional,*** **tomo III – Estrutura Constitucional do Estado,** 4ª ed. revista e atualizada, Coimbra: Coimbra Editora, 1998. p. 21.

[61] FREITAS, Pedro Caridade de. Op. cit. p. 191.

encontra em depósito e não pode ser conteúdo ou objeto de qualquer tipo de contrato.[62]

Não obstante a variação de conceitos que envolvem a temática da soberania, os quais variam ora de acordo com épocas e a evolução do pensamento jurídico e/ou político, ora vinculados ao direito divino, à legitimidade monárquica, à soberania do povo, conforme Rousseau[63], à sua própria essência de individualidade, conforme Hegel[64], ao poder perene e absoluto de uma república, segundo Bodin[65], ou aos conceitos mais hodiernos, é certo que a soberania é indissociável do conceito de Estado.

O ensinamento do eminente Professor Arthur Montenegro da Universidade de Coimbra, traduz seu entendimento incisivo a respeito da soberania como atributo do Estado, quando afirma que "*é na soberania de uma nação que está a condição e o sinal da sua existência; garanti-la é a primeira obrigação do legislador e comprometê-la equivale a destruir a própria sociedade*".[66]

Contudo, estamos certos de que as características da soberania não impedem a sua limitação e essa possibilidade de limitação decorre justamente de seus próprios pressupostos de formação do Estado soberano e da existência de direitos e liberdades individuais garantidos desde as constituições liberais[67].

Veja-se que mesmo no século passado já se afirmava, tal como Van Kleffens, que o conceito de soberania não é conflitante com a perspectiva de o Estado se autolimitar: "*tem de se admitir a existência de um corpo de leis que limitem a soberania e a regulem no seu exercício, pois a soberania não é só*

[62] Lobo, António da Rosa Gama. ***Princípios de Direito Internacional,*** Lisboa: Imprensa Nacional, 1865. p. 12.

[63] Maltez, José Adelino. ***Princípios de Ciência Política. Introdução à Teoria Política,*** 2ª ed. Lisboa: Instituto Superior de Ciências Sociais e Políticas da Universidade Técnica de Lisboa, 1996. p. 36.

[64] Hegel, Georg Wilhelm Friedrich. ***Princípios da Filosofia do Direito,*** Martins Fontes, 1997. p. 230.

[65] Albuquerque, Martim. ***Jean Bodin na Península Ibérica. Ensaio de História das Ideias Políticas e de Direito Público.*** Paris: Centro Cultural Português, 1978. p. 10.

[66] Montenegro, Arthur. ***Questões de Direito Internacional Privado. Theoria da Unidade e Universalidade da Falência,*** Coimbra: Imprensa da Universidade, 1894. p.

[67] Freitas, Pedro Caridade. Op. cit. p. 199.

um conceito de facto, mas também um conceito jurídico, relacionado com direitos e deveres e, portanto, tem de haver normas de direito que a governem".[68]

Apesar da clara possibilidade de limitação da soberania que como dito, decorre de sua própria essência como matéria conformadora do Estado, é fato incontroverso que o constitucionalismo moderno nasceu precisamente a partir da concepção do Estado soberano e, como tal, possuidor do processo legislativo e de jurisdição, bem como do monopólio da utilização da força dentro de suas fronteiras.[69]

Constitucionalismo. Embasada nesta ideia da soberania popular e na necessidade de garantia dos direitos dos homens é que nasce a ideologia moderna do constitucionalismo, dando espaço à criação das Constituições como instrumento de limitação do poder do Estado[70]. E quando aqui falamos sobre um Estado constitucional, estamos fazendo referência àqueles Estados democráticos e de direito, cujas raízes mais profundas se encontram justamente no *solo comum* do constitucionalismo[71].

É bem verdade que o constitucionalismo existe desde a antiguidade – precisamente desde o período de imponência dos impérios grego e romano[72]. Ma ele vem se transformando através dos séculos e das experiências políticas vivenciadas pela humanidade. Ele passa pela formação do Estado liberal constitucional, no século XVIII, pela positivação de direitos sociais no século XX e é especialmente alterado no contexto do pós-guerra, da descolonização da África e do período de redemocratização após a queda de regimes militares no continente americano[73].

Não obstante as diversas transformações ao longo de séculos e séculos, nos parece que todos concordam haver entre a maioria dos países, especialmente os do Ocidente, uma tradição constitucionalista compartilhada. E embora possamos concordar com a afirmação de Canotilho,

[68] van Kleffens, E. Nicolas. ***A soberania em Direito Internacional.*** In: Boletim da Faculdade de Direito, Vol. XXXII, Universidade de Coimbra: Editora Coimbra, 1957. p. 11-159.

[69] Sarmento, Daniel. Op. cit. p. 96.

[70] Neves, Marcelo. ***Transconstitucionalismo.* 2ª ed.** São Paulo: Editora Martins Fontes, 2009. p. 39.

[71] O termos é utilizado por Arthur Kaufmann na obra ***Hermenéutica e Derecho,*** traduzida por Ana Maria Montoya e Luis Villar Borda.Granada: Comares, 2007. p. 95.

[72] Hauriou, André. ***Droit Constitutionnel et Institutions Politiques.*** Paris: Éditions Montchrestien, 1970, 4ª ed. p. 35.

[73] Ramires, Maurício. Op. cit. p. 25.

para quem há diversos constitucionalismos (inglês, americanos, português, francês e etc.[74]), parece evidente que todos eles têm como pressuposto básico e comum o de que a existência de um governo limitado é a única garantia de existência de direitos devidamente estruturados dentro de um contexto político-social de qualquer comunidade.

Basta lembrar que se esse constitucionalismo moderno tem raízes no liberalismo, é certo que tal movimento, enquanto movimento político, surgiu justamente como uma oposição ao Antigo Regime, ou seja, contra o absolutismo, assim despontando como doutrina que deu guarida às várias revoluções no século XVIII e XVIII[75].

Pois bem.

É precisamente esse entendimento comum, de poder limitado, que cria espaço para a elaboração das constituições, mesmo as constituições com ideologias aparentemente antagônicas, como a liberal constituição americana e a social constituição portuguesa. Nesse contexto, as sábias palavras de Jorge Miranda ao esclarecer o motivo pelo qual deixou de dividir as ordens jurídicas-constitucionais em famílias, diante da possibilidade de levar a resultados enganadores, sendo assim um desses motivos *"a intensidade e extensão das aproximações das interacções de sistemas constitucionais ou de alguns de seus elementos"*[76].

Portanto, é possível afirmar que o conceito de Constituição, em seu espectro mais moderno, evoluiu a partir do fim da ideologia do poder ilimitado do governante para a possibilidade jurídica de se limitar o poder do Estado, ou dos governantes. É que exatamente neste momento, e por conta desta possibilidade de limitação, se tornou viável a criação de um sistema jurídico independente da estrutura política da sociedade, ou seja, *superior à vontade do príncipe*[77].

Além disso, se o liberalismo, e por via de consequência, o constitucionalismo liberal, tinham por objetivo se opor ao regime absolutista, cujo poder obviamente se encontrava nas mãos de uma única pessoa, a tendência passou a ser a defesa de um poder dividido. Muito embora

[74] Canotilho, José Joaquim Gomes. ***Direito Constitucional e Teoria da Constituição.*** 7ª ed. Coimbra: Almedina, 2003. p. 50.

[75] Hobhouse, Leonard T., ***Liberalism***, London: Williams & Norgate, 1919. p. 18.

[76] Jorge Miranda *apud* Maurício Ramires, Op. cit. p. 27.

[77] Ramires, Maurício. Op. cit. p. 33.

a ideia já tenha sido séculos antes defendida por Aristóteles[78], foi John Locke quem a apresentou de maneira mais descritiva, ao defender a criação de quatro poderes, sendo eles Executivo, Legislativo, Federativo e Prerrogativo, de modo que apenas o Federativo e Executivo estariam interligados e os demais, totalmente independentes[79]. Mais tarde, a teoria da separação dos poderes foi atualizada por Montesquieu, com a ideia definitiva dos três poderes (Executivo, Legislativo e Judiciários) na obra *O Espírito das Leis,* de 1748.

Portanto, podemos afirmar que além de limitar o poder do Estado, o constitucionalismo buscou torná-lo eficiente por meio do princípio da separação de poderes, que já vinha em curso na Inglaterra quando do surgimento de um *governo misto,* de encontro ao Estado absolutista. Nesse sentido, Bobbio[80] ressalta que não existe constituição que não determine a separação de podres. A separação de poderes é um símbolo do constitucionalismo liberal e não por outra razão, a Constituição Francesa de 1848 afirma expressamente que *"a separação dos poderes é a primeira condição de um povo livre".*

O Professor Jorge Miranda afirma ainda que o nosso moderno constitucionalismo tem como pressuposto a ideia do *rule of law,* ou seja, a ideologia de que o direito deve impedir eventuais arbitrariedades do Estado por meio do respeito e do apego aos princípios e instituições assim reconhecidos por juristas e pelo Poder Judiciário como imprescindíveis à garantia dos direitos dos cidadãos perante o poder político[81]. Trata-se, portanto, da ideia do *processo justo* e legalmente regulado. Também é possível afirmar nesse contexto que o *rule of law* tem o seu encontro com a soberania popular[82], fazendo surgir o constitucionalismo como hoje o concebemos.

Contudo, a constituição não surgiu apenas para limitar o poder do governante, ou separar os poderes, mas também para estabelecer

[78] Aristóteles. ***A Política.*** São Paulo: Martins Fontes, 1998, p. 25.

[79] Locke, John. ***Segundo tratado sobre o governo***. Traduzido E. Jacy Monteiro, São Paulo: Abril Cultural, 1973. p 100.

[80] Bobbio, Norberto; Matteucci, Nicola; Pasquino, Gianfranco. ***Dicionário de Política.*** Trad. Carmen C. Varriale, Gaetano Lo Mônaco, João Ferreira, Luís Guerreiro Pinto Cacais e Renzo Dini, 11ª ed; Brasília: Ed. UNB, p. 249.

[81] Miranda, Jorge. ***Manual de Direito Constitucional***, Op. cit. p. 125.

[82] Ramires, Maurício. Op. cit. p. 33.

expressamente direitos naturais, que já eram defendidos por jusnaturalistas e iluministas[83].

Veja-se, por exemplo, que naquele contexto histórico, já no ano de 1789, a Declaração dos Direitos do Homem e do Cidadão previu em seu artigo XVI que somente possuiria Constituição aquela sociedade que estabelecesse a limitação e separação e determinasse a existência de direitos preestabelecidos[84].

Assim é que as constituições americana e francesa no final do século XVIII[85], como símbolos do constitucionalismo liberal, vieram para traduzir a nova semântica da liberdade e dos primórdios dos direitos fundamentais, ou, como menciona Maurício Ramires, vieram para ressignificar tais conceitos[86]. Depois disso, as diversas constituições que se seguiram ao longo dos séculos subsequentes foram acomodando estes conceitos, motivo pelo qual muitos defendem – com razão, a nosso ver – a existência de um *constitucionalismo comum*[87].

Para alguns, como Julio Pinheiro Faro Homem de Siqueira[88], a concepção moderna da Constituição foi consolidada a partir da segunda parte do século XIX, com raízes comuns e até mesmo certa ligação entre liberalismo e socialismo, no que alguns denominam de socioliberalismo,

[83] GONZÁLES HERNÁNDEZ, Esther. ***Breve historia del constitucionalismo común (1787-1931),*** Centro de Estudios Ramon Areces, 1ª ed. 2006. p. 31.

[84] **Art. 16º** *A sociedade em que não esteja assegurada a garantia dos direitos nem estabelecida a separação dos poderes não tem Constituição".* http://www.direitoshumanos.usp.br/index.php/Documentos-anteriores-%C3%A0-cria%C3%A7%C3%A3o-da-Sociedade-das-Na%C3%A7%C3%B5es-at%C3%A9-1919/declaracao-de-direitos-do-homem-e-do-cidadao-1789.html. Consultado em 1º de agosto de 2017.

[85] Sobre este período, há diversos comentários pertinentes a respeito do constitucionalismo. O Prof. Jorge Miranda, por exemplo, ao ensinar sobre a experiência americana, ressalta que a Constituição dos Estados Unidos certamente foi influenciada pela experiência inglesa, especialmente no que diz respeito ao conceito de separação de poderes (***Manual de Direito Constitucional,*** op. cit. p. 130).

[86] RAMIRES, Maurício. Op. cit. 36.

[87] O constitucionalismo tomou conta da Europa. JORGE MIRANDA cita inúmeros exemplos de países que foram influenciados pela Constituição Francesa de 1791, como é o caso da Espanha e sua Constituição de 1812 e de Portugal, com a Constituição de 1822. O mesmo há de se dizer em relação à Constituição Americana, que também influenciou a Constituição Canadense, na questão do federalismo, e países latino-americanos, no que diz respeito à República e ao presidencialismo (***Manual de Direito Constitucional,*** op. cit. p. 150).

[88] Op. cit. p. 195.

aqui colocado não como o conceito com o qual hoje se identifica, mas como uma oposição ao que se considerava ser uma característica do liberalismo: o individualismo[89].

De fato, mesmo no século XX, diversos países foram influenciados por outros nas alterações às suas constituições, especialmente quando do estabelecimento de direitos sociais, fortemente entusiasmados pelo texto das Constituições Alemã, de Weimer (1919) e Mexicana (1917), símbolos dos direitos econômicos, sociais e culturais. Inclusive, para alguns como Fábio Konder Comparato[90], é neste momento, pós-primeira guerra, que surge a socialdemocracia, como característica elementar do Estado Social Liberal, mais conhecido como estado de bem-estar social (*welfare state*).

De qualquer forma, é justamente a existência de um *constitucionalismo comum*, sobretudo quanto ao estabelecimento de uma ideia minimamente comum a respeito da limitação dos Estados e ao estabelecimento de direitos fundamentais, que viabiliza o diálogo de estruturas, teses e ideias entre juízes e cortes de diversos países e, inclusive, as cortes internacionais e regionais[91].

Podemos concluir, em resumo, que o constitucionalismo moderno consolidou dois entendimentos principais: i) a ideia de limitação do poder do Estado e ii) a determinação de forma expressa de direitos e liberdades[92].

Mas se a concepção moderna de constituição se fundamenta fortemente nos ideais do constitucionalismo e suas transformações[93], não se pode deixar de notar que esse constitucionalismo liberal fortaleceu a concepção da soberania popular, o que acabou dando ensejo a certos individualismos. É que vigia naquele período a ideologia do *princípio majoritário*, ou seja, o de que a lei é resultado da vontade soberana da

[89] Hobsbawm, Eric J. ***A era das revoluções.*** Trad. Maria Tereza Lopes Teixeira e Marcos Penchel, 9ª ed; Rio de Janeiro, Paz e Terra, 1996, p. 50.

[90] Comparato, Fabio Konder, ***A Afirmação Histórica dos Direitos* Humanos,** São Paulo: Saraiva, 11ª ed. 2017. P. 193.

[91] Ramires, Maurício. Op. cit. p. 38.

[92] Siqueira, Julio Pinheiro Faro Homem de. ***A ideia de Constituição: uma perspectiva ocidental da antiguidade ao século XXI,*** Revista Mexicana de Derecho Constitucional, Vol. 34, Janeiro-Junho/2016. P. 196.

[93] Siqueira, Julio Pinheiro Faro Homem de. Op. cit. p. 187.

sociedade de um determinado país, e como tal, não aceita a intervenção de qualquer produto legislativo derivado de outros Estados ou de organismos internacionais[94].

Aliás, um adendo: este é um pensamento que ainda permanece na mentalidade de muitos políticos e juristas. Basta verificar, por exemplo, que a jurisprudência americana costuma pouco acatar argumentos, teses ou ideias que se originem da jurisprudência estrangeiras ou de tribunais internacionais e regionais.

Pois bem.

Os certos individualismos mencionados colocaram fim ao jusnaturalismo racionalista e deram origem ao legalismo positivista do século XIX e meados do século XX. Eis o período em que a *vontade do legislador* ganhou total relevância, pois assim calcada como uma norma jurídica coerente e que, por assim ser, deveria ser estritamente respeitada pelos julgadores e demais operadores do direito.

É o que Bobbio denomina como *princípio da autoridade do legislador.* E para Bobbio, o positivismo jurídico nada mais é do que "*aquela doutrina segundo a qual não existe outro direito senão o positivo*"[95]. Uma vez que esta corrente entende o direito positivo como o direito criado por um Estado soberano, a lei passa a ser fonte única do direito.

É assente o debate no mundo jurídico, especialmente por neoconstitucionalistas como Robert Alexy[96], de que o positivismo jurídico se opõe ao Estado Constitucional, já que neste I) o valor se sobrepõe à norma; II) pratica-se ponderação no lugar de subsunção; III) a Constituição é ubíqua e IV) o Poder Judiciário tem extrema relevância e importância, ainda mais marcante do que a autonomia do legislador.

É também este o momento em que a escola da exegese francesa exerce enorme influência sobre o campo do direito, na exata medida em que identifica os mecanismos de interpretação à estrita vontade do legislador, negando qualquer possibilidade de lacunas dentro do sistema de leis[97].

94 Ramires, Maurício. Op. cit. p. 38.

95 Bobbio, Norberto. ***Positivismo Jurídico, Lições da Filosofia do Direito*** compiladas pelo dr. Nello Morra, trad. Por Márcio Pugliesi, São Paulo: Ícone, 1995. P. 119.

96 Alexy, Robert. ***El concepto y la validez del derecho u otros ensayos.*** Barcelona: Gedisa, 1997. p. 160.

97 Ramires, Maurício. Op. cit. p. 39.

Para Bobbio, alguns fatores preponderantes contribuíram para o surgimento e fortificação da Escola da Exegese, sobretudo: I) a concepção mantida pelos próprios juristas de que ao criar a lei, o legislador automaticamente lhe confere coerência; II) o grande alcance das codificações como mecanismo capaz de solucionar controvérsias; III) a interpretação decorrente da teoria da separação de poderes, segundo a qual o juiz seria meramente um *boca da lei* e IV) a ideia da certeza do direito, segundo o pensamento racionalista de que o direito deveria conferir certeza e segurança à todas as questões colocadas sob sua análise[98].

Com isso, não é difícil perceber que diante do ideal imaginário do positivismo jurídico[99], de que as leis são resultado da vontade da maioria dentro de um sistema democrático, ou seja, postas pelo poder soberano dos cidadãos, *o sonho da Constituição tenha sido tantas vezes frustrado*[100].

Ainda nas palavras do doutrinador Maurício Ramires *"a encarnação da vontade geral rousseuniana, concebida como ilimitada, pelos órgãos legislativos compostos por representantes do povo foi uma das razões pelas quais a Constituição tropeçou em dificuldade praticamente insolúveis para assegurar sua força normativa perante os poderes constituídos, especialmente frente ao legislador e ao governo. Deste modo, o constitucionalismo dissolve-se em legalismo: é o poder político de cada momento, a maioria em um sistema democrático, quem se encarrega de realizar, ou, muitas vezes, de frustrar o que aparece 'prometido" na Constituição".*[101]

Mas, apesar de parecer uma surpresa, Maurício Ramires[102], com base no Professor António Castanheira Neves, salienta o fato de que as raízes do jusnaturalismo moderno foram justamente o fundamento jurídico e filosófico da escola da exegese. Analisando a obra *Digesta* de Neves, conseguimos compreender seu entendimento a respeito da matéria, calcado no fato objetivo de que a escola da exegese absorveu do jusna-

[98] ***Positivismo Jurídico***...Op. cit. p. 125.

[99] Não é nosso intuito neste trabalho dissecar o positivismo, até porque acreditamos que existem diversos positivismos, desde o clássico-exegético francês, alemão e inglês ao positivismo do protagonismo judicial e o poder discricionários dos juízes, como defende Lenio Streck. ***Superando os diversos tipos de positivismos: porque a hermenêutica é apllicatio***, in Revista do Programa de Pós-Graduação em Direito da UFC, Vol. 34-2, jul./dez. 2014, p. 275.

[100] Op. cit. p. 39.

[101] Op. cit. p. 39.

[102] Op. cit. p. 40.

turalismo o seu conteúdo normativo previsto em suas próprias leis, mas não somente isso, como também a ideia de que a *racionalidade axiomática e sistemática* corresponde essencialmente à normatividade jurídica[103].

O fato é que, a nosso ver, e não obstante as inúmeras discussões jurídico-filosóficas, não se pode negar que o foco daquele período histórico era de fato a *razão,* fortemente consolidada no período legalista ou positivista. E por assim ser, passado o momento de euforia e novidade das codificações, o que ficou mesmo foi o legalismo[104].

Mas não obstante o ideal do positivismo, e as várias e prováveis críticas que possam a ele ser direcionadas, precisamos dar enfoque à uma crítica com a qual concordamos fortemente, qual seja, a opinião de Maurício Ramires quando afirma que "*o positivismo alimenta-se do mito de que o legislador é uma figura nacional, à medida que a lei por ele produzida cristaliza fielmente e exclusivamente a vontade da população local que ele representa. Essa ideia, entretanto, não é menos ficcional do que as outras, uma vez que mesmo – e especialmente – as minúcias do sistema de regras jurídicas de um dado país podem ter origem efetiva menos na vontade expressa de seu povo que nas formulações teóricas de uma classe de juristas e letrados para a qual as fronteiras nacionais são difusas, o que é bem exemplificado pela codificação do direito civil no século passado*"[105].

Transcrevemos este pensamento de Maurício Ramires porque entendemos que ele está estritamente vinculado com a ideia central deste trabalho. Não se trata de nenhuma crítica indireta à soberania popular, que julgamos extremamente relevante do ponto de vista jurídico e político de qualquer democracia. Mas se trata do fato de reconhecer justamente que a ideia de um diálogo judicial internacional, ou da possibilidade de uma integração discursiva por meio do Direito Internacional, parte necessariamente do exercício da democracia que vai além de uma legitimação local para o reconhecimento de princípios, de axiomas ou mesmo da formação de um conjunto de normas.

E, ainda que não tenha sido este o juízo intencional de valor do positivismo, é evidente que o período de codificações e do pensamento

[103] Neves, António Castanheira. ***Digesta: escritos acerca do Direito, do Pensamento Jurídico, da sua metodologia e outros.*** Vol. II, Coimbra: Editora Coimbra, 1995, p. 180.

[104] Ramires, Maurício. Op. cit. p. 41.

[105] Op. cit. p. 42.

exegético – de imitações dos textos constitucionais e da verdadeira transmigração de textos normativos, tendo como base, por exemplo, o Código Civil Francês de 1804 – é uma prova contundente de que as fronteiras dos Estados não representam óbice à concretização dos pressupostos de um constitucionalismo comum.

Também não podemos deixar de fazer breves menções ao positivismo de Kelsen, ou seja, o positivismo lógico normativo da primeira metade do século XX. Como bem se sabe, Kelsen é o criador da *Teoria pura do Direito*, que é, verdadeiramente, a teoria do positivismo jurídico. Ora, para Kelsen, o direito positivo nada mais é do que norma, sendo esta a única maneira pela qual pode se tornar objeto da ciência[106] e sendo o Direito uma ciência, ele é então transformado em puro normativismo, cuja essência só poderia ser uma estrutura extremamente lógica e formal.

Disso, se conclui que para Kelsen o positivismo pouco se importa com o conteúdo das normas, pois independente dele, o direito, uma vez posto, é imediatamente reputado válido[107]. Quer-se dizer com isso que, para a teoria de Kelsen, o *puro dever/ser jurídico* é única e exclusivamente uma estrutura lógica e formal, que não guarda qualquer relação com a ética ou com valores, porquanto tais conceitos não podem ser objeto de qualquer estudo científico[108].

A menção a tais questões se fazem importantes para este trabalho porque nos ajudam a compreender a evolução do Direito e os motivos pelos quais ele alcançou uma nova era em que se demandou que as noções de legitimidade democrática dos regimes jurídicos fossem repensadas e os direitos humanos e fundamentais fossem efetivamente observados e efetivados, no que o diálogo judicial internacional acaba exercendo um papel relevante.

É que, como sabemos, ao encarar o Direito como uma estrutura puramente lógico-normativa, teorias como as de Kelsen deram espaço a tragédias históricas, como os movimentos nazi-fascitas e a Segunda Guerra Mundial.

[106] KELSEN, Hans. ***Teoria pura do Direito.*** 3ª ed. São Paulo: Martins Fontes, 1991. p. 144.

[107] COELHO, Fabio Ulhoa. ***Para entender Kelsen.*** 4ª ed. rev. São Paulo: Saraiva, 2001. p. 20.

[108] KAUFMANN, Arthur. ***A problemática da Filosofia do Direito ao longo da História. In:*** ARTHUR KAUFMANN e WINFRIED HASSEMER, ***Introdução à Filosofia do Direito e à Teoria do Direito Contemporâneo.*** Trad. Marcos Keel e Manuel Seca de Oliveira. 2ª ed. Lisboa: Calouste Gulbenkian, 2009. p. 181.

Não pretendemos menosprezar a importância e grandiosa contribuição de Kelsen para o Direito, especialmente no que diz respeito I) à inclusão do fenômeno jurídico como um estudo verdadeiramente científico; II) à estruturação hierárquica do ordenamento jurídico e III) à criação dos conceitos de validade e eficácia das normas.

Contudo, o que se quer dizer é que, a redução do Direito a uma estrutura estritamente lógica e formal, destituída de conteúdos, valores ou éticas, deu margens à criação de todo e qualquer tipo de norma que, por assim ser – válida e eficaz – permitiu a maior série de barbáries já vista pela humanidade[109]. A suspensão de direitos fundamentais e ascensão de Hitler ao poder se deram com base em normas jurídicas válidas e eficazes do ponto de vista puramente formal.

Mas, é certo que a derrota do nazi-fascismo na Segunda Guerra Mundial ressignificou o paradigma do Estado Democrático de Direito e, consequentemente, do próprio Direito. Eis que se sagrava vencedora a parte do mundo mais comprometida com a observância aos direitos fundamentais e à democracia – sem perder de vista que entre os Aliados estava a União Soviética, uma ditadura comunista que muito se distanciou do significado de Estado Democrático de Direito.

[109] O artigo 48 da Constituição de Weimar é relevante para entender esta questão. Eis a transcrição do dispositivo: "*Caso a segurança e a ordem públicas estejam seriamente ameaçadas ou perturbadas, o Presidente do Reich pode tomar as medidas necessárias a seu restabelecimento, com auxílio, se necessário, de força armada. Para esse fim, pode ele suspender, parcial ou inteiramente, os direitos fundamentais fixados nos artigos 114, 115, 117, 118, 123 3 154*". É justamente um dispositivo constitucional que cria poderes especiais para o Presidente do Recih, dando-lhe a possibilidade de se utilizar inclusive da força militar. Veja-se, por exemplo, que naquele momento em que a Alemanha sofria uma intensa divisão partidária em seu Parlamento (Herson César de Araújo Oliveira, ***III Reich e Direito: uma breve análise do Estado de Direito na Alemanha Nazista***, Tese de Mestrado em Direito apresentada à Universidade Estadual da Paraíba, 2016), importantes doutrinadores como Carl Schmitt se posicionavam em sentido favorável ao estabelecimento de poderes especiais ao Presidente do Reich (Paula Véspoli Godoy, ***Hans Kelsen e Carl Schmitt: o debate entre normativismo e decisionismo,*** PUC-SP, São Paulo, 2010). Além disso, William Lawrence Shirer destaca em sua obra ***Ascensão e Queda do Terceiro Reich: Triunfo e consolidação,*** Trad. Pedro Pomar, Rio de Janeiro: Agir, 2008. P. 260, que foi justamente com base no mencionado art. 48 da Constituição Alemã que Hitler conseguiu convencer o então presidente a assinar decretos de emergência cujas determinações reteriam direitos fundamentais. Foi logo depois destes decretos que o Parlamento elaborou o tal *Ato de Autorização,* por meio do qual todo o poder foi transferido ao chanceler, no caso Hitler.

Constitucionalismo contemporâneo. Com o fim da Segunda Guerra Mundial, o pensamento jurídico se vê obrigado a refletir sobre as teorias que o fundamentam, rompendo de vez com o positivismo legalista e as ideias de divinização do legislador. Mas, permanece a essência do conceito ou da concepção da Constituição, inaugurando-se, no entanto, o período dos princípios, da interpretação, do apego ao conteúdo das leis e do papel mais importante e preponderante do Poder Judiciário enquanto garantidor dos direitos fundamentais[110].

É a partir deste momento da história que surgem os tribunais constitucionais, voltados basicamente à fiscalização da constitucionalidade das normas, mesmo aquelas criadas pelos outros poderes[111].

Inclusive, os próprios Estados derrotados na guerra criaram novas constituições, sendo que na Alemanha, poucos anos após o fim da segunda guerra, foi criado o Tribunal Constitucional Federal, cujo precioso trabalho é amplamente conhecido e difundido, graças principalmente à criação de uma importante jurisprudência que ajudou a colocar o direito alemão dentre os mais destacados do universo jurídico[112]. Destaque também é dado à Constituição italiana, de 1947 e à criação de seu Tribunal Constitucional em 1956.

Portugal viu surgir sua democrática Constituição em 1976, após o fim do Estado Novo pela Revolução de 25 de Abril de 1974 e inaugurou seu Tribunal Constitucional em 1983, o que agregou grande valor às discussões de debates sobre o novo direito constitucional, especialmente na Europa. No Brasil, o processo foi mais tardio, sendo que apenas em 1988 foi promulgada a Constituição Federal, com a vinculação expressa do Supremo Tribunal Federal como tribunal guardião da constituição (arts. 101 a 103 da Constituição Federal)[113].

[110] RAMIRES, Maurício. Op. cit. p. 45.

[111] CARVALHO, Ernani Rodrigues. ***Em busca da judicialização da política no Brasil: apontamentos para uma nova abordagem,*** Revista de Sociologia e Política, Curitiba, n. 23, nov. 2004, 115-126.

[112] BARROSO, Luís Roberto. ***Temas de Direito Constitucional.*** Tomo IV, São Paulo: Renovar, 2006. Pp. 223.

[113] CF, Art. 101. "*O Supremo Tribunal Federal compõe-se de onze Ministros, escolhidos dentre cidadãos com mais de trinta e cinco e menos de sessenta e cinco anos de idade, de notável saber jurídico e reputação ilibada. Parágrafo único. Os Ministros do Supremo Tribunal Federal serão nomeados pelo Presidente da República, depois de aprovada a escolha pela maioria absoluta do Senado Federal*".

A criação destas novas constituições e das respectivas cortes constitucionais nos mais diversos países do Ocidente, cada qual a seu tempo – mais cedo (Europa), ou mais tarde (América Latina) – certamente propiciou os mais longos períodos de estabilidade democrática destes Estados.

O marco filosófico deste novo período é sem qualquer dúvida o pós-positivismo[114]. O jusnaturalismo está historicamente superado e o positivismo mostrou-se um fracasso, notadamente do ponto de vista político. Após muitas reflexões, ainda certamente inacabadas, o que se tem é uma tentativa de *leitura moral do direito*, em que não se coloca o direito positivo de lado, mas se busca ir além de uma leitura ou interpretação estritamente formal[115].

Agora, os princípios passam a ser dotados de normatividade, tem-se uma correlação entre regras e valores e, a nosso ver, uma das mais importantes inovações, a criação de uma hermenêutica constitucional, também com a criação de uma teoria própria aos direitos humanos, com fundamento precípuo no princípio da dignidade humana[116]. É precisamente neste ponto que, em nosso entendimento, se insere a importância da justiça internacional e do diálogo judicial internacional, notadamente como vetor e impulsionador dos direitos humanos.

Ainda, do ponto de vista teórico, defendemos que as principais inovações surgidas naquele momento foram I) a criação e ampliação de uma jurisdição constitucional; II) o desenvolvimento da hermenêutica constitucional e da hermenêutica internacional e, especialmente, III) o reconhecimento da Constituição como forma normativa inequívoca.

Chegou-se, finalmente, à era em que os princípios se elevam sobre as regras, representando o que Lenio Luiz Streck chama de *institucionalização da moral no direito*[117]. Não que a moral possua, de fato, alguma força

114 Barroso, Luís Roberto. ***Neoconstitucionalismo e constitucionalização do Direito. O triunfo tardio do Direito Constitucional no Brasil*** Artigo publicado em novembro de 2005 no JusBrasil https://jus.com.br/artigos/7547/neoconstitucionalismo-e-constitucionalizacao-do-direito/1. Consultado em 2 de agosto de 2017.

115 Barroso, Luís Roberto. Op. cit. p. 3.

116 Autores importantíssimos para o Direito iniciaram relevantes debates sobre estas questões, dentre os quais podemos citar John Rawls, em 1980 com a obra *A theory of justice*; Ronald Dworkin, em 1977, com a obra *Taking rights seriously* e Robert Alexy, em 1993, com a obra *Teoria de los derechos fundamentales*.

117 Streck, Lenio Luiz. ***Neoconstitucionalismo, Positivismo e Pós-positivismo.*** **In:** Ferrajoli, Luigi; Streck, Lenio Luiz; Trindade, André Karam (org.). ***Garantismo, Hermenêutica,***

normativa, mas o direito a possui e ele agora não mais é visto como uma simples estrutura lógico-formal, mas sim a partir de seu conteúdo, que se preocupa sim com a ética, com a moral, e com a justiça. Não por outra razão, os princípios possuem agora verdadeiro *status* constitucional.

Merece transcrição trecho da obra de Maurício Ramires, com apoio em Paulo Otero e Lenio Streck, a respeito do *salto qualitativo* dos princípios em relação às regras, quando menciona que:

> *"Como consequência da emergência dos princípios como normas e dessa nova teoria da normatividade, as normas jurídicas – em especial os princípios – desapegam-se do aspecto provinciano ligado à vontade soberana do legislador nacional. À medida que são os princípios que conferem legitimidade material ao sistema jurídico – e não o contrário –, o reconhecimento do seu caráter deontológico não mais depende da expressão por parte das vias político-representativas locais. Os aplicadores do direito não buscam mais – apenas – as regras codificadas pelo legislador de seu país, nem a Constituição é uma espécie qualificada de Código. Há sempre um todo antecipado em cada ato particular praticado pelos juristas; no contexto do constitucionalismo contemporâneo, esse "todo" é, obviamente, a Constituição. não, porém, a Constituição como texto composto de artigos, incisos, alíneas etc., mas como um evento que introduz, prospectivamente, um novo modelo de sociedade, e que chega até nós pela história institucional de nossa comunidade"*[118].

Assim, podemos extrair do entendimento de Maurício Ramires, com o qual concordamos, aliás, que o constitucionalismo contemporâneo necessariamente absorve conceitos e tradições que vão além das fronteiras dos Estados nacionais, daí porque o tema se faz tão relevante neste trabalho, na medida em que tais tradições compartilhadas, para além de influenciarem tão somente a política dos países, tornam-se uma espécie de norma jurídica quando alçadas à condição de princípios e são sim difundidas também através da atuação de cortes regionais de direitos humanos.

Mas não é só. Uma das grandes alterações do constitucionalismo no pós-guerra, que na verdade se tornou um ponto de convergência entre

e (neo)Constitucionalismo: um debate com Luigi Ferrajoli. Porto Alegre: Livraria do Advogado, 2002. p. 77.

[118] Op. cit. p. 77.

ordens jurídicas, é a tentativa de as legislações no âmbito interno se harmonizarem quanto às matérias que envolvem direitos humanos[119]. De fato, o tema dos direitos humanos ganhou contornos universais neste período, de modo que hoje já quase não conhece fronteiras.

Aliás, as novas ordens constitucionais apresentam pontos em comum, não apenas do ponto de vista de seu conteúdo, como também do ponto de vista de seu contexto histórico, jurídico e filosófico.

Maurício Ramires menciona, por exemplo, que elas possuem em comum: "*(a) antes de qualquer outra coisa, a expressão de uma conquista civilizatória contra um passado autoritário, que deve ser cuidada e respeitada pelos seus beneficiários e responsáveis; (b) a organização do Estado da política em torno de ideais democráticos; (c) a consagração de direitos e garantias fundamentais, não mais apenas os direitos e garantias individuais, senão também direitos sociais e transinidividuais; (d) a garantia de supremacia da própria Constituição através de mecanismos de controle judicial de sua autoridade*"[120].

Se antes era difícil de imaginar algo assim, os Estados, com toda a sua soberania, foram capazes de criar constituições permeadas de valores e princípios de cunho normativo e vinculante que nada mais eram do que senão o resultado de um consenso quase a nível mundial da comunidade política e com fundamento nas novas ideias e inspirações democráticas e na necessidade de respeito e efetivação dos direitos humanos[121].

Evidentemente, não temos a intenção de exaurir as discussões a respeito das matérias até aqui expostas, mas apenas apresentar uma breve reflexão que nos seja suficiente para entender a ideia central que se pretende abordar na presente obra. Não obstante, precisamos desde já ressaltar algumas opiniões, ainda que pessoais, que a nosso ver, tornam melhor a compreensão a respeito da abordagem aqui proposta.

Nesse contexto, o que pudemos observar é que apesar da ruptura com o positivismo e as ideias a ele vinculadas, o constitucionalismo contemporâneo, inclusive como já mencionado anteriormente, não perdeu a essência ou as raízes com as ideias que serviram de inspiração ao constitucionalismo moderno.

[119] RIGAUX, Francois. ***A Lei dos Juízes***. Traduzido por Luís Couceiro Feio. Lisboa: Instituto Piaget, 2000, p. 180.
[120] Op. cit. p. 47.
[121] MIRANDA, Jorge. ***Manual de Direito Constitucional***. Op. cit. p. 310.

Só podemos de fato constatar esta afirmação quando observamos que o Estado de Direito, ou seja, o Estado constitucional resulta de uma afluência de ideias constitucionais comuns (*solo comum do constitucionalismo*) – algo que já tentamos abordar mais no início – mas que agora se faz mais compreensível. É que, inicialmente temos de um lado as tradições do constitucionalismo dos Estados Unidos, que alça a Constituição à condição de norma fundamental de todo o ordenamento jurídico[122], e de outro as tradições surgidas com os ideais franceses, que vinculam a Constituição à forma ou objeto de mutação da sociedade[123].

Estas tradições constitucionais dos dois lados do Atlântico de alguma forma se convergem, sendo que as novas Constituições se caracterizam por pontos em comum como a necessidade de limitação do poder político – e agora também do legislador – e a necessidade se instituir como uma norma fundamental e fio condutor de todo o ordenamento jurídico[124].

Assim é que, ainda que não tenhamos estudado com profundidade a Constituição de todos os países, estamos convictos de que há uma concepção ou um ideal comum a respeito do constitucionalismo, que é compartilhada entre os mais diversos países e seus respectivos sistemas jurídicos, dando espaço à integração discursiva e, quiçá, à hermenêutica constitucional compartilhada, como por exemplo, através da utilização de precedentes de outros tribunais pelos tribunais internos de cada país e também de tribunais internacionais ou regionais, como fontes de argumento no processo decisório.

É precisamente a partir desta nossa convicção pessoal que concebemos a possibilidade de um diálogo judicial entre cortes internacionais ou entre cortes regionais, mais uma vez com a ressalva de que nossa pretensão não é a de estabelecer a possibilidade de criação de um órgão constitucional supranacional, mas sim de identificar de que maneira se dá a integração discursiva através do diálogo entre as cortes regionais de direitos humanos e em que media este diálogo é relevante para o Direito.

122 Miranda, Jorge. ***Manual...*** Op. cit. p. 320.

123 Sanchís, Luis Prieto. ***Neoconstitucionalismo y ponderación judicial.*** **In**: Miguel Carbonell (org) ***Neoconstitucionalismo (s),*** 4ª ed. Madrid: Trotta, 2009. p. 120.

124 Vale ressaltar que essa convergência de ideias também influencia a criação e desenvolvimento dos sistemas de controle de constitucionalidade por meio do Poder Judiciário, havendo entre eles uma integração.

A questão da soberania e do constitucionalismo no momento atual. É também a partir desse contexto histórico e político que o pressuposto do Estado nacional soberano talvez não mais se verifique de maneira tão assente[125]. Obviamente, o Estado concebido sob a ótica do constitucionalismo moderno não mais se verifica tal como fora anteriormente desenvolvido.

Apesar de seguir como o mais importante sujeito de Direito Internacional, sobretudo no âmbito político, os Estados, e seus governos, têm tido uma menor capacidade de controlar os avanços e mutações políticas, econômicas, sociais e culturais em suas fronteiras por um motivo principal: a globalização e o globalismo que crescem de maneira exacerbada em um caminho sem certamente volta.

Mas, a pergunta que se faz é: globalização e globalismo guardam, de fato, alguma relação com a temática do Estado, da soberania e da constituição? Antes de mais nada, é imperioso destacar que entendemos a globalização como um fenômeno divergente do globalismo. Para nós, a globalização é um fenômeno eminentemente econômico, diretamente ligado à integração econômica entre vários Estados e fluxo de capital entre eles[126].

De outro lado, o globalismo está muito mais vinculado a um processo ou um conceito político, relacionado com multilateralismo, multiculturalismo, e os conceitos de cidadania mundial e governança global[127].

Nesse contexto de globalização e globalismo é que se inserem entidades supranacionais, de cunho regional ou internacional, que começaram a nascer no período do pós-guerra, com o objetivo de promover a paz e a cooperação internacional, aliadas a ideia de uma necessária ética/moral internacional que exige dos países um efetivo comprometimento na defesa e promoção dos direitos humanos[128]. Ocorre que tais organizações, notadamente a ONU, têm exercido grande poder a nível

[125] Sarmento, Daniel. Op. cit. p. 97.

[126] Arnaud, André-Jean. ***O Direito entre Modernidade e Globalização: Lições de Filosofia do Direito e do Estado.*** Traduzido por Patrice Charles Wuillaume. Rio de Janeiro: Renovar, 1999. p. 11.

[127] Rodrigues, Maurício Andreiuolo. ***Poder Constituinte Supranacional: esse novo personagem.*** Porto Alegre: Sérgio Antônio Fabris, 2000. p. 23.

[128] Steiner, Henry; Alston, Philip. ***International Human Rights in Context.*** 2ª ed. New York: Oxfor University Press, 2000, p. 204.

mundial, e, talvez, pressionado a soberania dos Estados nacionais ou seu próprio ordenamento jurídico[129].

Ora, é exatamente neste cenário de organizações internacionais que surge a justiça internacional, seja a nível *lato sensu* ou *strictu sensu*[130]. Com a evolução do Direito Internacional, desenvolvem-se os métodos de resolução de conflitos pela via jurisdicional, especialmente a jurisdição *strictu sensu,* com a criação de tribunais internacionais como a Corte Internacional de Justiça e o Tribunal Penal Internacional, bem como dos tribunais de caráter regional.

Se é verdade que a criação de todos os mecanismos de justiça internacional revela a maturidade do Direito Internacional, uma vez que permite a efetivação, bem como um desenvolvimento maior e mais eficaz de regras e costumes estabelecidos pela comunidade jurídica internacional, conferindo assim maior segurança jurídica às relações internacionais, também é verdade que tais instâncias de resolução de controvérsias não se subordinam ao direito interno dos Estados nacionais.

Existem ainda outros fenômenos do Direito que igualmente se desenvolvem de forma periférica ao ordenamento jurídico dos Estados, não obstante a clara influência que exercem sobre os países e seu ordenamento jurídico. Daniel Sarmento destaca dentre estes fenômenos o direito comunitário, muito mais forte na Europa, evidentemente, e o Direito Internacional dos Direitos Humanos[131].

Como bem se sabe, não há uma Constituição para o continente europeu, mas há quem acredite na existência de uma *constituição em progresso* e na alta probabilidade de que em um curto período de tempo as normas jurídicas criadas no sistema da União Europeia passem a ter natureza constitucional[132]. Isso certamente se deve à força que a União Europeia possui enquanto estrutura política, cujas normas têm verda-

[129] Sarmento, Daniel. Op. cit. p. 96.

[130] A Professora Dra. Maria José Rangel de Mesquita conceitua e diferencia a justiça internacional *strictu sensu* da justiça internacional *lato sensu,* afirmando que a primeira entende-se como o *conjunto de meios jurisdicionais permanentes* de resolução pacífica de diferendos internacionais. In ***Justiça Internacional – Lições,*** 2010. Lisboa: AAFDUL, p. 89.

[131] Op. cit. p. 98.

[132] Castiglione, Dario. ***Reflections on Europe´s Constitutional Future.*** **In:** *Constellation,* v. 11, n. 3, 2004. p. 47.

deira relevância dentro do continente, inclusive no que diz respeito aos direitos humanos[133].

Ainda, vale ressaltar que para além do Direito Comunitário, a Europa conta com um outro sistema de proteção dos direitos humanos, ainda mais abrangente que aquele conferido pelo sistema da União Europeia, já que abarca mais países.

Trata-se da Corte Europeia de Direitos Humanos, um dos objetos deste trabalho, criada com fundamento da Convenção Europeia de Direitos Humanos, em 1950. Esse sistema está implantado no seio do Conselho da Europa, ao passo que o Tribunal de Justiça das Comunidades Europeias, hoje Tribunal de Justiça da União Europeia, se insere no sistema da União Europeia[134].

Veja-se que não é nosso intuito se aprofundar nos meandros do direito comunitário, ou mesmo nas especificidades dos sistemas de proteção dos direitos humanos ao redor do mundo. Mas o que queremos tornar claro desde já é que a existência de tais sistemas, cada vez mais fortalecidos e relevantes no universo jurídico e político, demonstram de forma contundente a maneira pela qual os países têm de certa forma, abdicado de seu poder em prol dos interesses de um sistema regional e/ou internacional, seja de proteção de direitos humanos ou mesmo de regulação econômica/comercial.

Tal fato, na prática, ocorre precisamente quando os Estados assinam tratados internacionais por meio dos quais aceitam a jurisdição de organismos internacionais ou regionais de solução de conflitos[135], bem como quando inserem em suas constituições dispositivos que preveem a possibilidade de que um tratado internacional de direitos humanos, por

[133] Os direitos humanos estão, sem qualquer sobra de dúvidas, inseridos no sistema do Direito Comunitário, por meio da criação do Tribunal de Justiça das Comunidades Europeias. O TJCE declara que os direitos humanos são princípios, inspirados justamente naquilo que temos comentado, a tradição constitucional compartilhada entre os países da Europa. Além do Tribunal de Justiça das Comunidades Europeias, o Parlamento da União Europeia promulgou no ano 2000 a Carta Europeia de Direitos Humanos (http://www.europarl.europa.eu/charter/pdf/text_pt.pdf), que possui efeito vinculante para os Estados desde a vigência do Tratado de Lisboa, em 2009.

[134] Borchardt, Klaus-Dieter. ***The ABC of European Union Law.*** Luxembourg: Publications Office of the European Union, 2010. p. 19.

[135] Sarmento, Daniel. Op. cit. p. 100.

exemplo, seja implantado no ordenamento jurídico interno de um determinado país com *status* de legislação constitucional[136].

Obviamente, os tribunais internacionais e regionais têm sido decisivos para esses acontecimentos, tendo em vista seu papel assertivo na defesa e na promoção dos direitos humanos, ou do Direito Comunitário (que não diz respeito apenas a direitos humanos), com o exemplo do Tribunal de Justiça da União Europeia. Veja-se que o TJUE há muito já reconheceu o princípio da primazia do Direito da União Europeia sobre o ordenamento interno dos Estados, por meio do julgamento do caso *Van Gend em Loss c. Netherlands Inland Revenue Administration*, no ano de 1963[137].

Há ainda outros casos relevantes do Tribunal de Justiça da União Europeia, nos quais se destaca a primazia do Direito Comunitário sobre o direito interno dos Estados membros, bem como se limitam as regras de interpretação para os casos em que houver conflitos de normas, a exemplo do caso *Flaminio Costa c. ENEL*, julgado em 1964[138].

[136] É o caso do Brasil, com a previsão do art. 5º, § 3º, da Constituição Federal: § 3º "*Os tratados e convenções internacionais sobre direitos humanos que forem aprovados, em cada Casa do Congresso Nacional, em dois turnos, por três quintos dos votos dos respectivos membros, serão equivalentes às emendas constitucionais*".

[137] Processo 26/62: https://institutoeuropeu.eu/images/stories/Van_Gend_en_Loos.pdf. Consultado em 3 de agosto de 2017. Eis alguns trechos relevantes do acórdão deste caso, que merecem aqui transcrição: "*O objectivo do Tratado CEE, que consiste em instituir um mercado comum cujo funcionamento diz directamente respeito aos nacionais da Comunidade, implica que este Tratado seja mais do que um acordo meramente gerador de obrigações recí procas entre os Estados contratantes. Esta concepção é confirmada pelo preâmbulo do Tratado, que, além dos Governos, faz referência aos povos e, mais concretamente, pela criação de órgãos investidos de poderes soberanos cujo exercício afecta quer os Estados-membros, quer os seus nacionais. Aliás, é preciso notar que os nacionais dos Estados reunidos na Comunidade são chamados a colaborar no seu funcionamento por intermédio do Parlamento Europeu e do Comité Económico e Social. Além disso, a função do Tribunal de Justiça no âmbito do artigo 177.°, cujo objectivo consiste em assegurar a uniformidade de interpretação do Tratado pelos órgãos jurisdicionais nacionais, confirma que os Estados reconheceram ao direito comunitário uma autoridade susceptível de ser invocada pelos seus nacionais perante aqueles órgãos. Daqui deve concluir-se que a Comunidade constitui uma nova ordem jurídica de direito internacional, a favor da qual os Estados limitaram, ainda que em domínios restritos, os seus direitos soberanos, e cujos sujeitos são não só os Estados-membros, mas também os seus nacionais*".

[138] Processo 6/64: https://institutoeuropeu.eu/images/stories/Cosa_Enel.pdf. Consultado em 4 de agosto de 2017. Eis um trecho importante do acórdão deste caso: "*Resulta do conjunto destes elementos que ao direito emergente do Tratado, emanado de uma fonte autónoma, em virtude da sua natureza originária específica, não pode ser oposto em juízo um texto interno, qualquer que seja, sem*

Precisamos destacar que, muito embora o Tribunal de Justiça da União Europeia já tenha consolidado seu entendimento acerca da primazia das normas comutarias sobre o direito interno dos Estados membros da União Europeia, não podemos afirmar que o mesmo ocorra em relação ao direito constitucional destes mesmos países, o que, aliás, ainda é questão extremamente controversa, sendo que vários tribunais constitucionais de países que compõem a EU são contrários a tal primazia sobre as normas constitucionais[139].

Cumpre apenas esclarecer que é o artigo 177 do Tratado de Roma[140] que confere ao Tribunal de Justiça da União Europeia a primazia de sua interpretação sobre os tribunais internos dos Estados membros. Referido dispositivo torna obrigatório aos tribunais superiores consultar o TJUE sobre a interpretação das normas de Direito Comunitário.

Para Canotilho, "*a Comunidade Europeia constitui uma associação específica, à qual foi atribuído um poder originário supranacional, sendo uma das manifestações mais exuberantes deste poder a competência normativa. Daí a importância desta nota: o ordenamento estadual abre-se a fontes de direito supranacionais, alterando-se radicalmente o monopólio estadual de criação do direito*".

Em nossa humilde opinião, comungamos com o pensamento de Neil Walker[141], no sentido de que ainda é necessária cautela para se concluir se, de fato, o direito comunitário possui primazia também em relação ao direito constitucional dos Estados membros da União Europeia, porque,

que perca a sua natureza comunitária e sem que sejam postos em causa os fundamentos jurí dicos da própria Comunidade. A transferência efectuada pelos Estados, da sua ordem jurídica interna em benefício da ordem jurídica comunitária, dos direitos e obrigações correspondentes às disposições do Tratado, implica, pois, uma limitação definitiva dos seus direitos soberanos, sobre a qual não pode prevalecer um acto unilateral ulterior incompatível com o conceito de Comunidade".

139 BERRANGER, Thibaut. ***Constitution Nationales et Construction Communautaire.*** Paris: LGDJ, 2005, p. 36.

140 Art, 117: "*Lee* État*e membree conviennent de la nécessité de promouvoir l'amélioration dee conditions de vie et de travail de la main-d'œuvre permettant leur* égalisation *dane le progrès. Us estiment qu'une telle* évolution *résultera tant du fonctionnement du marché commun, qui favorisera l'harmonisation des systèmes sociaux, que des procédures prévues par le présent Traité et du rapprochement des dispositions législatives, réglementaires et administratives*". http://eur-lex.europa.eu/legal-content/FR/TXT/PDF/?uri=CELEX:11957E/TXT&from=PT. Consultado em 4 de agosto de 2017.

141 WALKER, Neil.***Pos-Constituente Constitutionalism? The Case of the European Union.*** **In:** LOUGHLIN, Martin e WALKER, Neil. ***The paradox of Constitutionalism: Constituent Power and Constitutional Form.*** Oxford: Oxford University Press, 2007. p. 247.

ainda que muitos acreditem existir um *constitucionalismo europeu* ou uma *constituição em progresso,* nada há nisso que se possa comparar ao exercício de um verdadeiro poder constituinte, ou de uma decisão do europeu nesse sentido. E nem parece que possa haver tão cedo, frente a movimentos de retirada da UE, como o Brexit, por exemplo, ou mesmo a movimentos separatistas, como o da Catalunha[142].

Mas, o que nos interessa aqui nem mesmo é se aprofundar sobre tais controvérsias, ou nos apegar a uma ou outra opinião, mas sim reconhecer que, não obstante a inexistência de uma constituição europeia do ponto de vista formal (e cultural, político, etc.), nos parece certo que, ainda assim, há uma ideia constitucional compartilhada[143], que leva os Estados a reconhecerem, por exemplo, a existência de princípios comuns a todos e que, como tal, devem ser respeitados e utilizados como fundamento do ordenamento jurídico interno.

Mas não é só. Como dito, não obstante a inexistência de uma constituição europeia, o direito comunitário é forte, intenso e importante e, por óbvio, influencia o direito constitucional dos Estados nacionais, certamente impactando a força e hegemonia de suas constituições[144]. Nos parece que esse tipo de fenômeno é, também, uma das consequências da globalização e do globalismo e, por via de consequência, da expansão da justiça internacional também.

No que diz respeito aos sistemas de proteção dos Direitos Humanos, já demos uma ênfase maior em um item específico sobre o tema. De qualquer forma, vale ressaltar mais uma vez que o Direito Internacional dos Direitos Humanos, enquanto matéria autônoma do Direito, surgiu justamente após a Segunda Guerra Mundial, como objeção às

[142] Nem se diga sobre a inexistência de uma homogenia cultura, política e financeira que seja suficiente para viabilizar a união de um *povo* ou de uma sociedade única capaz de decidir, em processos de representação efetivamente democráticos, pela existência de uma constituição europeia, fruto de um poder constituinte.

[143] Sarmento, Daniel. Op. cit. p. 102.

[144] Veja-se que há uma discussão enorme no mundo jurídico a respeito desta temática, sendo que doutrinadores proeminentes como Jürgen Habermas são defensores da ideia de uma constituição comunitária e até defendem a existência plena possibilidade de uma Constituição sem seu respectivo Estado. Habermas, Jürgen. ***Será que a Europa precisa de uma Constituição?* In: *Era das Transições.*** Traduzido por Fabio Siebeneicher. Rio de Janeiro: Tempo Brasileiro, 2004. p. 131.

tragédias ocorridas e tendo como premissa a necessidade de promoção e proteção dos direitos humanos em nível global, inclusive por meio de organizações internacionais, uma vez que o Estado pode ser, tal como ocorreu na guerra mundial, o próprio responsável pela violação dos direitos dos indivíduos. E por assim ser, podemos aceitar que a premissa do Direito Internacional dos Direitos Humanos interfere diretamente na concepção de soberania dos Estados nacionais[145].

Logicamente, do ponto de vista axiológico[146], os direitos humanos e o direito constitucional, especialmente no que concerne aos direitos fundamentais, possuem as mesmas concepções e ideais. Tanto isso é verdade que a grande maioria das Constituições de países ocidentais absorveu conteúdo de tratados internacionais de direitos humanos e até mesmo prevê a possibilidade de que tais tratados sejam incorporados ao ordenamento jurídico interno com *status* de norma constitucional, como é o caso do Brasil, já citado aqui.

Apesar disso, os conflitos certamente ocorrem, sobretudo quando tribunais internos divergem das soluções adotadas pelos tribunais internacionais ou regionais. Um exemplo emblemático nesse sentido é a já mencionada decisão adotada pelo Supremo Tribunal Federal que declarou a constitucionalidade da Lei de Anistia brasileira em completo desacordo com a decisão e orientação da Corte Interamericana de Direitos Humanos por ocasião do julgamento do caso *Gomes Lund vs. Brasil.*

Outro exemplo desta dissonância ocorre no campo normativo, sendo que a Constituição brasileira determina em seu artigo 8º, inc. II, a possibilidade de existência de apenas um sindicato por categoria econômica ou classe de profissão[147], ao passo que o Pacto Internacional de Direitos Civis e Políticos, em seu artigo 22[148], e a Convenção Americana de

[145] SARMENTO, Daniel. Op. cit. p. 103.

[146] SARMENTO, Daniel. Op. cit. p. 104.

[147] **CF, Art. 8º**: "É livre a associação profissional ou sindical, observado o seguinte": **II** – "é vedada a criação de mais de uma organização sindical, em qualquer grau, representativa de categoria profissional ou econômica, na mesma base territorial, que será definida pelos trabalhadores ou empregadores interessados, não podendo ser inferior à área de um Município".

[148] **Art. 22, 1**: "*Toda pessoa terá o direito de associar-se livremente a outras, inclusive o direito de construir sindicatos e de a eles filiar-se, para a proteção de seus interesses*".

Direitos Humanos, em seu artigo 16[149], preveem e possibilitam a liberdade sindical, sem qualquer restrição nesse sentido.

Na maioria absoluta dos casos, o conflito entre uma norma interna e uma norma de direito internacional, ou entre a decisão de um tribunal internacional e um tribunal interno, está relacionada justamente com a questão da soberania, ou ainda com divergências culturais[150]. De fato, esta é uma parte controversa e complexa do Direito, porque é real a tensão entre o direito internacional e o direito constitucional dos Estados nacionais.

Tudo isso sem mencionar as questões comerciais, muito intrinsecamente vinculadas com a globalização, e que também dão origem a normas internacionais que têm o condão de direcionar e organizar o comércio internacional, como é o caso, por exemplo, da *lex mercatoria,* um verdadeiro *sistema jurídico* que, em maior ou menor grau, pode interferir na regulamentação das atividades econômicas pelos Estados nacionais[151].

Diante de tudo o que fora dito até aqui, à toda evidência nos parece que estes fenômenos jurídicos aqui mencionados estão de certa forma ligados à globalização e em algum grau também ao globalismo.

De fato, a globalização e o globalismo têm trazido implicações e provocado mudanças, não apenas do ponto de vista político ou sociocultural, mas também do ponto de vista jurídico. São vários os doutrinadores que vêm se debruçando sobre as implicações da globalização e do globalismo sobre o Direito, tais como os alemães Rudiger Voight, Hans-Peter Marutschke e Karl Riesenhuber, o belga Charles-Albert Morand e a francesa Mireille Delmas-Marty[152].

O aspecto, porém, que nos parece o mais preponderante no âmbito destas influências e implicações diz respeito ao Estado nacional soberano e sua constituição e ordem jurídica interna. O tema é tão atual e

[149] **Art. 16, 1**:"*Todas as pessoas têm o direito de associar-se livremente com fins ideológicos, religiosos, políticos, econômicos, trabalhistas, sociais, culturais, desportivos ou de qualquer outra natureza*".

[150] Flores, Joaquim Herrera. ***Los Derechos Humanos como Produtos Culturalres.*** Madrid: Catarata, 2005, p. 42.

[151] Vidigal, Erick. ***A Lex mercatoria como fonte do direito do comércio internacional e a sua aplicação no Brasil.*** Artigo publicado para a Revista do Senado Federal, n. 186, abr/jun. 2010, Brasília. https://www2.senado.leg.br/bdsf/bitstream/handle/id/198681/000888826.pdf?sequence=1. Consultado em 8 de agosto de 2017.

[152] Ramires, Maurício. Op. cit. p. 89.

relevante que faz surgirem ideias e teorias jus políticas, como aqueles que, a exemplo de MICHAEK KEATING[153], defendem a futura existência de um direito totalmente desvinculado do Estado em uma era pós-soberania estatal, e aqueles que tratam da possibilidade de uma república universal, como é o caso de Otfried Hoffe, em obra traduzida para o português por Lívio Cruz Romão[154].

Há autores, como Bardo Fassbender e Andreas Paulus, que acreditam na possibilidade de um constitucionalismo universal, cuja nascente seria justamente o Direito Internacional. Essas ideias, acreditamos, provavelmente decorrem principalmente do fato de que o Direito Internacional não mais possui como sujeito apenas os Estados, mas também, o próprio indivíduo, além de possuir normas (princípios) verdadeiramente cogentes[155].

Como já mencionado anteriormente, temos ressalvas quanto à possibilidade de um constitucionalismo universal.

O fato concreto a respeito da existência de inúmeras divergências culturais não pode ser completamente ignorado. Mas, em nossa opinião a ressalva mais relevante está no âmbito da inexistência de poderes que legitimem a criação de uma constituição a nível global ou universal. Ou seja: inexiste, ainda, a necessária representação caracterizada pela soberania popular que, não obstante venha sofrendo alguma tensão, não pode ser jamais ignorada.

Além disso, também não conseguimos conceber, tal como Daniel Sarmento esclarece[156], a possibilidade de se instituir mecanismos para a eleição de dirigentes governamentais em nível global por meio do voto popular. Por isso mesmo, o Estado nacional ainda consegue se manter como sujeito de maior relevância no cenário político, apesar do cenário de globalismo e globalização cada vez mais assente.

[153] KEATING, Michael. ***Plurinational Democracy: Stateless Nations in a Post-sovereignty era,*** Oxfor: Oxford University Press, 2001.

[154] HOFFE, Otfried. ***A democracia no Mundo de Hoje.*** Trad. Tito Lívio Romão, São Paulo: Martins Fontes, 2005.

[155] CANÇADO TRINDADE, Antonio Augusto. ***Memorial em prol de uma nova mentalidade quanto à proteção dos Direitos Humanos nos Planos Internacional e Nacional.*** In: ***Arquivos de Direitos Humanos***, n. 1, 1999. P. 46.

[156] Op. cit. p. 110.

Mas como tal, do Estado se espera que sejam asseguradas todas as medidas necessárias a fim de se promover e efetivar a proteção dos princípios universalmente aceitos e compartilhados, especialmente na esfera de proteção dos indivíduos. E estes princípios que estão na esfera dos Direitos humanos, acabam sendo aceitos e inseridos justamente na esfera normativa constitucional de cada ordenamento interno, na medida em que muitas vezes orientam e conformam os direitos fundamentais de cada país.

Ainda, nos parece que o princípio constitucional, justamente pela característica de princípio, não precisa ser aceito pelo Poder Legislativo de um determinado Estado nacional para que possa fazer parte de tal ordenamento jurídico. Isso porque, o princípio pode ser recepcionado e aplicado pelo próprio Poder Judiciário em cada caso concreto. Maurício Ramires cita em sua obra um exemplo desta hipótese na jurisprudência brasileira, qual seja, o princípio da proporcionalidade[157], que não é expressamente previsto na Constituição Brasileira, mas é largamente adotado não apenas no sistema do direito constitucional, mas também em todas as demais áreas do direito brasileiro, como o Direito Penal[158], Direito Processual[159] e o Direito Administrativo[160].

Há quem diga que o princípio da proporcionalidade tem origem germânica e é produto da construção jurisprudencial alemã pós-guerra[161]. Contudo, uma análise mais profunda de suas raízes nos permite confirmar, com amparo em Jorge Miranda, que a proporcionalidade está presente no direito desde a existência do direito e de forma muito natural[162]. Inclusive, e de forma diversa do que ocorre no Brasil, a Constituição

[157] Op. cit. p. 80.

[158] GOMES, Mariângela Gama de Magalhães. ***O princípio da proporcionalidade no Direito Penal.*** São Paulo: Revista dos Tribunais, 2003. p. 60.

[159] LOPES, João Batista. ***Efetividade da tutela jurisdicional à luz da constitucionalização do processo civil.*** São Paulo: Revista de Processo, Vol. 29, n. 116, 2004. p. 29.

[160] DUARTE JR., Ricardo. ***O princípio da proporcionalidade como limite*** à discricionariedade administrativa. Artigo publicado no portal Âmbito Jurídico. http://www.ambito-juridico.com.br/site/index.php?n_link=revista_artigos_leitura&artigo_id=6381. Consultado em 12 de novembro de 2017.

[161] GRINOVER, Ada Pelegrini; FERNANDES, Antônio Scarance; GOMES FILHO, Antônio Magalhães. ***As nulidades no Processo Penal.*** São Paulo: Revista dos Tribunais, 6ª ed., 1997, p. 51.

[162] MIRANDA, Jorge. ***Manual de Direito Constitucional,*** Op. cit. p. 280.

Portuguesa prevê expressamente o princípio da proporcionalidade, em seu artigo 18º, n. 2.

Não obstante, é fato que a dimensão e relevância que a proporcionalidade possui hoje muito se devem, de fato, à construção jurisprudencial alemã. E, apesar da sua origem, a proporcionalidade é largamente utilizada pelas cortes de inúmeros países, sendo, inclusive, extremamente significativa na jurisprudência da Suprema Corte Americana[163].

A proporcionalidade é apenas um princípio que utilizamos como exemplo para demonstrar que os princípios constitucionais não se limitam às fronteiras dos Estados nacionais e a sua aplicabilidade é real e maciça na jurisprudência de inúmeros países, ainda que não haja qualquer previsão constitucional expressa. Para nós, isso é, sem dúvida, fruto de um constitucionalismo universalmente compartilhado graças à existência cada vez mais assente de um diálogo jurisdicional internacional.

Portanto, não chegamos à outra conclusão senão a de que a possibilidade cada vez mais crescente de um diálogo judicial internacional é sem qualquer dúvida um dos resultados da globalização. Como afirma Daniel Sarmento, a chance de uma integração discursiva é real. Para o autor, não se trata apenas de uma questão de normativa internacional, mas também da tomada de decisões na esfera interna dos Estados a partir da importação de argumentos utilizados por tribunais internacionais ou mesmo por cortes constitucionais de outros Estados.[164]

Em sua obra *A Constitution of Many Minds,* Cass R. Sustein defende que essa integração é um fenômeno global e muito positivo, na medida em que o debate constitucional se torna cada vez mais profundo, maduro e rico[165].

Se tudo isso não fosse por si só suficiente para a defesa de um diálogo judicial internacional, nos parece evidente que a existência desse diálogo através da já mencionada integração discursiva é capaz de trazer aos cidadãos pelo mundo maior segurança jurídica e certeza do cumprimento da normativa internacional de forma igualitária.

[163] GRINOVER, Ada Pelegrini; FERNANDES, Antônio Scarance; GOMES FILHO, Antônio Magalhães. Op. cit. p.53.

[164] SARMENTO, Daniel. Op. cit. p. 122.

[165] SUNSTEIN, Cass R. ***A Constitution of Many Minds***. Princeton: Princeton University, 2011. p. 201.

2.3. Pluralismo de ordens jurídicas

É inviável construir um raciocínio lógico-jurídico para o estudo do diálogo judicial internacional proposto neste livro sem que se adentre ao tema do pluralismo das ordens jurídicas. É o diálogo é parte integrante do ideário de pluralismo, ao passo que a pluralidade está intrinsecamente vinculada à internacionalização do Direito, de modo que o Direito Internacional tem sido inserido nos mais variados ramos do ordenamento jurídico de cada país. Daí é que se tem, justamente, a pluralidade de ordens jurídicas[166].

Em outras palavras, o pluralismo que queremos aqui brevemente analisar é aquele que, em um sentido bem estrito, está inserido em um cenário de interação de normas, sem que exista uma hierarquia entre elas[167].

Diferentemente do que ocorrera no passado, em que monismo e dualismo eram as teorias utilizadas para se discutir a relevância do direito internacional ou do direito interno[168], temos hoje um cenário em que direito internacional e direito interno são independentes, apesar de poderem se harmonizar em diversas questões, ou destoarem em outras.

Nesse contexto, como bem afirmam André Gonçalves Pereira e Fausto de Quadros, "o Estado tem o dever de conformar a sua ordem interna às suas obrigações internacionais; cabe-lhe, porém, a escolha da forma técnica do cumprimento de tal dever; o não cumprimento de tal dever não tem, porém, como sanção a vigência forçada do direito internacional na ordem interna, e, por conseguinte, a obrigação para os tribunais internos de aplicar a norma internacional; a sanção consiste exclusivamente na responsabilidade internacional do Estado"[169].

De qualquer forma, é preciso fazer alguma menção às teorias do monismo e ao dualismo. Se Kelsen concebe o monismo como *"o conjunto*

[166] Ramos, André de Carvalho. ***Realizando a convergência entre o nacional e o internacional: os círculos concêntricos da pluralidade das ordens jurídicas no Brasil.*** **In: Diálogos Jurisdicionais e Direitos Humanos,** Piovesan, Flávia; Saldanha, Jânia Maria Lopes (orgs). Brasília: Gazeta Jurídica, 2016. p. 440.

[167] Berman, P.S., ***Global Legal Pluralism*",** California: Southern California Law Review, n. 80, 2007-2008. p. 1150.

[168] Teles, Miguel Galvão. ***Eficácia dos tratados na ordem interna portuguesa – condições, termos e limites,*** Lisboa, 1967, p. 13.

[169] Pereira, André Gonçalves; Quadros, Fausto de. ***Manual de Direito Internacional Público,*** Coimbra: Almedina, 1993, p. 86.

formado pelo direito internacional e as ordens jurídicas nacionais como um sistema unitário de normas[170]", Heinrich Triepel concebe, em sentido oposto, o dualismo como o entendimento de que direito internacional e direito interno são sistemas jurídicos absolutamente distintos entre si, já que o primeiro se caracteriza pela vontade convergente de vários Estados nacionais na criação de determinada norma internacional, ao passo que o direito interno se caracteriza pela vontade particular de apenas um Estado na criação de normas aplicáveis dentro das fronteiras de seu território[171].

Aqui mais uma vez nos deparamos com a questão da soberania. É que para Kelsen, o monismo é como primado do direito internacional e, por via de consequência, a soberania não estaria nos Estados nacionais, ou, em último caso, a única subordinação à que se submeteria a soberania e/ou ordem jurídica interna dos Estados seria justamente o direito internacional[172]. Para a lógica de Kelsen, esse pensamento tem toda razão de ser, já que ele reconhece que a soberania dos Estados nacionais consiste, em grande parte, na existência de um ordenamento jurídico interno é superior a qualquer outro, desde que tal ordenamento tenha fundamento na ordem jurídica internacional[173].

Jorge Miranda destaca que, por razões empíricas, há uma certa adesão à corrente monista, notadamente a do monismo como primado do direito internacional[174]. Nesse mesmo sentido, completa Jónatas Machado afirmando que a Constituição Portuguesa tem uma boa relação discursiva com o direito internacional, em consonância com os princípios da Declaração Universal dos Direitos do Homem, razão pela qual caracteriza-se por sua adesão à teoria monista[175].

170 Kelsen, Hans. ***Il problema dela sovramità***, Milão: Giuffrè, 1989. p. 152.

171 Triepel, Heinrich. ***Droit international et droit interne*** Apud Medeiros, Rui. ***Pluralismo jurídico atual como aparente alternativa à controvérsia entre monismo e dualismo.*** Lisboa, 2015. http://www.fd.lisboa.ucp.pt/resources/documents/Centro/Pluralismo%20versus%20monismo%20e%20dualismo_Cat%C3%B3lica%20Talks_Janeiro%202015.pdf. Consultado em 12 de novembro de 2017.

172 Kelsen, Hans. ***Teoria Pura do Direito,*** Op. cit. p. 302.

173 Kelsen, Hans. ***Teoria Pura do Direito,*** Op. cit. p. 450.

174 Miranda, Jorge. ***Curso de Direito Internacional Público***. Op. cit. p. 136.

175 Machado, Jónatas. ***Direito Internacional – Do paradigm classico ao pós 11 de setembro,*** Op. cit. p. 151.

Não somos defensores de um monismo extremo, tampouco do dualismo, mas acreditamos que, talvez, seja o pluralismo de ordens jurídicas uma alternativa a estas duas correntes, já que tal fenômeno consiste "*na coexistência de normas e decisões de diferentes matrizes, com ambição de regência do mesmo espaço social, o que implica uma série de consequências relacionadas à convergência ou divergência de sentidos entre as normas e decisões de origens distintas. As ordens jurídicas plurais, então, são aquelas que convergem e concorrem na regência jurídica de um mesmo espaço (a sociedade nacional)*[176]".

Ora, se o pluralismo prega que não existe uma supremacia do direito internacional sobre o direito interno em geral, ou especificamente sobre o direito constitucional, como melhor se verá adiante, isso não significa dizer que não possa haver entre estes diferentes sistemas normativos uma interação. E essa interação somente se torna viável por meio do diálogo internacional.

É certo que o pluralismo de ordens jurídicas nada mais é do que resultado do crescimento do Direito Internacional e do surgimento e expansão do Direito Internacional dos Direitos Humanos no pós-guerra, a partir do momento no qual nasceram os mais importantes e relevantes mecanismos de solução de controvérsias através da criação de cortes internacionais e das cortes regionais de Direitos Humanos. Tudo isso gerou o que André de Carvalho Ramos denomina *constitucionalização do Direito Internacional*[177], e com isso podemos concordar, já que o Direito Internacional dos Direitos Humanos também protege direitos fundamentais e por meio dele foi possível a criação de uma jurisdição internacional constitucional, como já analisado anteriormente.

Veja-se que esse fenômeno é ainda mais assente, sobretudo, no final do século XX e início do século XXI e não se atendo especificamente aos Direitos Humanos, como se vê com a criação de diversos tribunais internacionais permanentes, a exemplo da Corte Centro Americana de Justiça, o Tribunal Penal Internacional, o Tribunal de Justiça da Comunidade Econômica da África Ocidental, a Corte Africana de Direitos

[176] Ramos, André de Carvalho. ***A interpretação internacional dos Direitos Humanos: choque ou diálogo com o Supremo Tribunal Federal?.*** In: ***Novos caminhos do direito no século XXI: Direito Internacional, Filosofia Jurídica e Política, Dogmática Jurídica e Direitos Fundamentais: uma homenagem a Celso Lafer.*** Baptista, Luiz Olavo e Ferraz Junior, Tercio Sampaio (orgs.). Curitiba: Juruá. p. 280.

[177] Ramos, André de Carvalho. ***Realizando a convergência ...*** Op. cit. p. 443.

Humanos e dos Povos e a Corte do Espaço Econômico Europeu[178]. Isso sem mencionar os inúmeros tribunais voltados à solução de conflitos por meio da arbitragem internacional (p. ex. órgãos da OMC e Mercosul) e os tribunais *ad hoc*, a exemplo do famoso tribunal penal para Ruanda.

As novas ideias constitucionais, que muitos denominam como *neoconstitucionalismo*, como já vimos anteriormente, também contribuem para a pluralidade de ordens jurídicas[179], na medida em que o constitucionalismo passa a aceitar como fonte a normativa internacional para viabilizar de maneira efetiva a proteção dos direitos humanos internacionalmente previstos.

Mas, há quem faça suas ressalvas acerca do pluralismo, não obstante seus benefícios. René Urueña, da Universidade dos Andes, chama atenção para o fato de que, na prática, o pluralismo pode muitas vezes trazer incoerências, quando, por exemplo, em nome do diálogo internacional se leva em consideração a opinião de um tribunal ilegítimo ou corrupto.

Além disso, a opinião de um mesmo tribunal pode ser utilizada como fundamento para soluções jurídicas diversas por outros tribunais, sendo que tal fato não deixaria de ser produto do pluralismo[180].

2.4. A necessidade de um diálogo equilibrado entre o Direito Internacional e o Direito Constitucional

Ainda que o foco mais imediato do presente trabalho seja o diálogo entre cortes internacionais, notadamente o TEDH e a CIDH, é certo que o diálogo judicial internacional também ocorre entre cortes constitucionais e tribunais internacionais, o que evidentemente influencia a interpretação constitucional na ordem jurídica interna de cada Estado.

Em realidade, quando se fala em diálogo entre cortes, quase sempre se tem a ideia de que se está a falar do diálogo entre uma corte interna-

[178] Ramos, André de Carvalho. ***Processo Internacional de Direitos Humanos.*** 2 ed. São Paulo: Saraiva, 2012. p. 35.

[179] Ramos, André de Carvalho. ***Realizando a convergência ...*** Op. cit. p. 445.

[180] Urueña, René. ***Proteção multinível dos direitos humanos na América Latina? Oportunidades, desafios e riscos.*** In: ***Manual de Proteção Multinível dos Direitos Humanos.*** Galindo, George Rodrigo Bandeira; Urueña, René; Pérez, Ainda Torres (orgs). Rede de Direitos Humanos e Educação Superior, 2014. p. 32.

cional e uma corte nacional[181], muito embora exista de fato um diálogo internacional horizontal, ou seja, o diálogo entre cortes internacionais ou regionais.

Mas, nos parece evidente que, ainda que nosso objetivo seja constatar a existência ou não de um diálogo discursivo entre as principais cortes regionais de direitos humanos e qual a relevância disso, o resultado final disso seria a consequência que a aplicação do direito internacional, precisamente do Direito Internacional dos Direitos Humanos, teria sobre o direito interno, precisamente o Direito Constitucional, já que é este que se ocupa dos direitos fundamentais, ao menos em primeiro grau.

Além disso, a lógica e linha de raciocínio que queremos estabelecer para tratar de um diálogo judicial internacional, com base na análise comparada entre as técnicas de julgamento da CEDH e da CIDH é a mesma que poderíamos utilizar para analisar o diálogo estabelecido entre uma corte internacional e uma corte interna, notadamente no que se refere aos direitos humanos.

Por isso mesmo, julgamos necessário fazer constar neste trabalho a relevância de um diálogo equilibrado entre o Direito Internacional e o Direito Constitucional, pois é justamente – e em última análise – o resultado que se busca através do estudo de um diálogo judicial internacional, notadamente pelo estudo das técnicas de julgamento das cortes regionais europeia e americana de direitos humanos e pela eventual constatação de uma integração discursiva entre elas.

[181] Na busca pela doutrina que pudesse embasar esta pesquisa, percebemos um número enorme de obras e artigos que exploram o diálogo vertical entre cortes, ou seja, a partir da forma como as cortes supremas dos Estados se comunicam ou absorvem a jurisprudência das cortes internacionais. No Brasil, por exemplo, um dos expoentes deste tema é o professor Marcelo Neves, que em obra sobre o transconstitucionalismo e outros artigos, trata do diálogo entre as cortes constitucionais da América Latina e a Corte Internacional de Direitos Humanos (***Do diálogo entre as cortes supremas e a Corte Internacional de Direitos Humanos ao transconstitucionalismo na América Latina,*** Revista da Informação Legislativa, Ano 51, n. 201, jan/mar. 2015, pp. 193-214). Obviamente há inúmeras outras pesquisas com esse tema, inclusive com estudos interessantes sobre casos concretos, a exemplo do artigo de Andrey Felipe Lacerda, denominado ***O Diálogo entre cortes na proteção regional dos direitos humanos: caso Gomes Lunde e ADPF n. 153,*** publicado na Revista da Faculdade de Direito da Universidade Federal de Minas Gerais, n. 64, jan/jun. 2014, p. 105-131.

É certo que o constitucionalismo do Estado soberano ainda é central e efetivo e sem qualquer dúvida desempenha função preponderante para o bom funcionamento da sociedade. Contudo, não se deve ignorar a ideia, ou mesmo a necessidade, de que haja um diálogo ou uma integração entre o Direito Constitucional e outras esferas normativas, por todas as razões já tratadas até aqui. E esse diálogo é justamente o que pretendemos analisar por meio de um estudo comparado entre o Tribunal Europeu de Direitos Humanos e a Corte Interamericana de Direitos Humanos, mas não sem antes demonstrar que é possível – e necessário – o equilíbrio entre as duas matérias, especialmente do ponto de vista hermenêutico.

E com isso se verá que não estamos a discutir uma subordinação do Direito Constitucional ao Direito Internacional ou tampouco a supremacia deste sobre aquele, mas sim o eficaz diálogo de fontes e entre cortes internacionais, cujas influências chegam ao direito interno de cada Estado através de um aprendizado conjunto e de *fertilizações cruzadas.*[182]

Já não é novidade, como bem tentamos destacar até aqui, as influências sofridas pelo Direito Constitucional a partir do Direito Internacional, notadamente na parte que se refere aos direitos humanos. Existe de fato uma conversa entre doutrinadores e entre as próprias cortes ao redor do mundo sobre as experiências obtidas, teorias e conceitos que tornam o diálogo cada vez mais assente e rico, e que também é fruto da globalização e dos fenômenos jurídicos e econômicos em nível global[183], como também do avanço da tecnológica e da comunicação global, inclusive nas formas de publicação da jurisprudência, por exemplo[184].

Em decorrência de tudo isso, tem sido possível a troca de argumentos jurídicos na solução de controvérsias em cortes de todo o mundo, inclusive em cortes internacionalmente conhecidas como mais avessas à aplicação do direito internacional em matéria constitucional, como é o caso da Suprema Corte dos Estados Unidos no julgamento do famo-

[182] O termo é utilizado por Marcelo Neves em sua tese sobre o *transconstitucionalismo,* apresentada à Faculdade de Direito da Universidade de São Paulo no concurso para professor titular da cadeira de Direito Constitucional. *Transconstitucionalismo,* São Paulo: FDUSP, 2009. p. 20.

[183] SARMENTO, Daniel. ***O Direito Constitucional e do Direito Internacional,*** Op. cit. p. 122.

[184] RAMIRES, Mauricio. ***Diálogo Judicial Internacional,*** Op. cit. p. 93.

so caso *Lawrence vs. Texas*[185], cujo acórdão faz menção à legislação de outros Estados nacionais, a precedente do Tribunal Europeu de Direitos Humanos e ao Relatório Wolfende, notadamente o Reporto f the Committee on Homosexual Offenses and Prostitution, elaborado no ano de 1963, como argumento para revogar decisão anterior adotada no caso *Bowers vs. Hardwick* (1986) e possibilitar a autodeterminação em tema de orientação sexual pelo direito à intimidade, sem que isso resulte em aplicação de multa pecuniária[186].

Ora, acontecimentos como estes nos parecem muito positivos, porque a troca de informações e experiência, e mais do que isso, a importação de argumentos jurídicos de uma corte por outra não apenas enriquece o debate[187], como, a nosso ver, confere aos cidadãos maior segurança jurídica, especialmente diante da análise e resolução de conflitos que ainda não possuam precedentes internos.

Acreditamos que a partir deste ponto, as cortes regionais de direitos humanos, e por via de consequência, também as cortes constitucionais terão maiores condições de estabelecer diversos consensos a respeito de matérias importantes e relevantes, que nos tragam maior certeza de que a responsabilidade de um Estado por determinada violação a um direito humano poderá ser verificada, constatada e julgada de forma tão adequada e justa na América Latina quanto na Europa.

É também a partir deste ponto que os Estados nacionais também poderiam se apropriar destes ditos consensos em matérias de direitos humanos/fundamentais e de democracia em geral, por meio da utilização de precedentes pelos Estados nacionais, ou, em outro grau, pela própria incorporação em nível legislativo, respeitadas as leis internas preestabelecidas para a criação de normas. Para nós, esta é justamente a razão do diálogo judicial entre as cortes internacionais.

Veja-se que Portugal é um exemplo nesse sentido, ao determinar no já mencionado artigo 16º, n.2 de sua Constituição que as questões

[185] Case John Geddes Lawrence and Tyron Garner vs, Texas, n. 539 U.S. 558 (2003).

[186] Araújo, António de. ***Saíndo do armário, mas (ainda) atrás da porta: o Estatuto jurídico--constitucional dos homossexuais e a decisão Lawrence v. Texas.*** Revista Brasileira de Direito Constitucional, n. 3. Jan/jun. 2004. pp. 590-628.

[187] Sustein, Cass. ***A Constitution of many minds.*** Princeton: Princeton University Press, 2009, p. 188.

relacionadas com os direitos fundamentais devem estar em consonância com a Declaração Universal dos Direitos do Homem.

É evidente, porém, que, em razão das muitas diferenças, peculiaridades e identidade própria, as cortes não estão obrigadas a utilizar precedentes de outras cortes e em muitos casos, a menção a um determinado precedente não resulta em sua adoção como fonte argumentativa. Inclusive, uma corte obviamente pode se utilizar de um precedente como exemplo a não ser seguido, como ocorreu em hipótese citada por Daniel Sarmento: o Tribunal Constitucional Sul-Africano utilizou a experiência e doutrina americana sobre o tema da pena de morte de forma a rechaçá-lo como argumento para não adotar a mesma medida, em sentido diametralmente oposto à conclusão da Suprema Corte Americana[188].

Cumpre ressaltar, em relação às cortes internas e o diálogo vertical, o exemplo também citado por Daniel Sarmento: no ano de 2004 o Tribunal Constitucional Alemão debateu a questão de eventual vinculação às decisões do Tribunal Europeu de Direitos Humanos, tendo-se concluído pela não obrigatoriedade de vinculação. Não obstante, restou determinado que os tribunais da Alemanha têm a obrigação de considerar em termos de argumentação e valoração as decisões do TEDH, sobretudo em matéria de direitos fundamentais, sob pena de que tais direitos restem violados[189].

Não defendemos aqui uma subordinação irrestrita das cortes aos precedentes e argumentos das demais, seja em nível horizontal ou vertical. Até mesmo porque, não existe uma hierarquia internacional a nível normativo em que os tratados internacionais estejam acima um dos outros, ou das constituições, por exemplo.

Mas, acreditamos que a utilização de precedentes pelas cortes internacionais, em relação umas às outras, e também pelas cortes internas em relação às cortes internacionais, com o estabelecimento de uma integração discursiva ou um diálogo de fontes, pode trazer muito mais benefícios do que malefícios, seja pelo compartilhamento de experiências, inclusive em casos ainda não solucionados ou nunca antes vistos, seja pela criação de maior segurança jurídica aos Estados e aos cidadãos pela possibilidade de melhora do nível argumentativo e da adequada solução dos conflitos.

[188] Sarmento, Daniel. Op. cit. p. 123.

[189] Op. cit. p. 127.

E ainda, nós verdadeiramente acreditamos que o diálogo entre as cortes internacionais e/ou regionais – especialmente neste último caso, como veremos – tem o condão de aperfeiçoar e refinar não apenas a interpretação do Direito Internacional ou do Direito Internacional dos Direitos Humanos como, em último grau, e por via de consequência, beneficiar a interpretação constitucional pelo Poder Judiciário de cada Estado nacional.

É preciso esclarecer que, quando defendemos a possibilidade e até mesmo necessidade de um diálogo, não estamos com isso querendo dizer que uma corte deva necessariamente obedecer à outra, tampouco de forma irrestrita. Até mesmo porque, ao contrário dos monistas mais extremos, não entendemos que o Direito Internacional seja absoluto em relação às ordens jurídicas internas de cada país.

O que defendemos, conforme temos tentado pontuar desde o início deste trabalho, é que o diálogo é troca de experiências, doutrinas, ideias, fundamentos e argumentação. Isso quer dizer que uma corte internacional ou regional também pode se utilizar de argumentos ou soluções enfrentadas pelas cortes internas dos Estados, como de fato ocorre no caso do Tribunal Europeu de Direitos Humanos, como veremos mais à frente.

De outro lado, André de Carvalho Ramos[190] destaca que há cortes que dão pouca ou nenhuma relevância ao ordenamento interno dos países, como é o caso da Corte Interamericana de Direitos Humanos, o que nos parece inconcebível neste atual momento da história, em que quase não verificamos Estados ditatoriais na América Latina[191], sendo quase todos Estados Democráticos de Direito.

Como bem destaca Flávia Piovesan, se a maioria dos países vive hoje uma democracia constitucional, não faz sentido que a Corte Internacional de Direitos Humanos desconsidere o fato de que a legislação interna e a jurisprudência destes países certamente têm buscado aplicar e aper-

[190] Ramos, André de Carvalho. ***O diálogo de Cortes, o Supremo Tribunal Federal e a Corte Interamericana de Direitos Humanos.*** In: Amaral Junior, Alberto; Jubilut, Liliana Lyra (orgs). ***O STF e o Direito Internacional dos Direitos Humanos.*** São Paulo: Quartier Latin, 2009. p. 815.

[191] À exceção da Venezuela, que a nosso ver tem, infelizmente, experimentado um governo extremamente autoritário e Cuba, que ainda vive (há vários anos) sob o regime de um único partido e sem a possibilidade de eleição para presidente.

feiçoar a aplicação dos direitos fundamentais, muitos deles[192], inclusive, com a concessão de *status* constitucional a tratados internacionais de direitos humanos[193].

Portanto, reiteramos que não defendemos a ideia de que exista uma verdadeira obrigação de as cortes internas absorverem irrestritamente a jurisprudência das cortes internacionais, porque não acreditamos que exista uma supremacia do Direito Internacional sobre o direito interno. Nesse sentido, vale transcrever aqui o entendimento de Daniel Sarmento[194], com apoio em Flávia Piovesan, com o qual muito concordamos, a respeito da inexistência de um imperialismo do direito internacional, por uma razão principal:

> *"Nem se diga que a supremacia internacional não apresenta problemas sob a perspectiva dos direitos fundamentais, pelo fato de a proteção internacional garantir apenas um piso mínimo para os direitos humanos e não um teto máximo para eles. Não se discute que, no plano de proteção dos direitos humanos, adota-se o princípio pro persona ou pro homine, que leva a que o direito interno, se mais favorável à pessoa humana, possa prevalecer sobre a normativa internacional, sem que se cogite de violação pelo Estado de suas obrigações internacionais".*

Ora, o ensinamento de Daniel Sarmento tem muita razão de ser: é natural que haja controvérsias sobre qual direito seria mais favorável na temática dos direitos humanos. São inúmeras as discussões entre direitos fundamentais e qual deles deve prevalecer quando confrontados em um caso concreto. Exemplo clássico diz respeito à controvérsia entre liberdade de expressão e o direito à privacidade, ou entre liberdade de expressão e liberdades públicas.

Dois casos nesse contexto nos chamam a atenção a respeito das soluções adotadas, e por meio dos quais verificamos um importante e relevante diálogo com as fontes e cortes internacionais. No ano de 2015 foi julgada no Brasil pelo Supremo Tribunal Federal a Ação Direita de

[192] Piovesan, Flávia. ***Direitos Humanos e o Direito Constitucional Internacional.*** 5ª ed. São Paulo: Saraiva, 2009. p. 100.

[193] É o caso do Brasil, como já explicitado anteriormente (art. 5º, § 3º, da Constituição Federal).

[194] Op. cit. p. 130.

Inconstitucionalidade 4.815[195], ajuizada pela Associação Nacional dos Editores de Livros, objetivando a análise de constitucionalidade dos artigos 20 e 21 do Código Civil[196] e a possibilidade de publicação de biografias não autorizadas.

No acórdão da ADIN, a relatora Ministra Carmem Lúcia faz diversas menções a casos julgados por cortes constitucionais europeias e pelo próprio Tribunal Europeu de Direitos Humanos, a exemplo do caso *Lüth*[197], cuja Corte Constitucional alemã julgou o pedido do judeu Erich Lüth, presidente do Clube da Imprensa Alemã e senador, para publicação de opinião em boicote a um filme que havia sido produzido por Veit Harlan, que também fora produtor de filmes no período nazista, a mando de Goebbels.

No julgamento deste caso, o direito à liberdade de expressão de Lüth foi reconhecido apenas em último grau pela Corte Constitucional Alemã[198]. O acórdão da ADIN 4815/DF menciona que o referido caso, julgado em 1958, teria marcado o início da teoria dos efeitos horizontais de direitos fundamentais – com um sentido hermenêutico que pode ser explicado por seus próprios efeitos – e que passou a ser utilizada por

[195] íntegra do acórdão: https://www.conjur.com.br/dl/acordao-biografias-nao-autorizadas.pdf.

[196] **Código Civil Brasileiro: Art. 20.** *Salvo se autorizadas, ou se necessárias à administração da justiça ou à manutenção da ordem pública, a divulgação de escritos, a transmissão da palavra, ou a publicação, a exposição ou a utilização da imagem de uma pessoa poderão ser proibidas, a seu requerimento e sem prejuízo da indenização que couber, se lhe atingirem a honra, a boa fama ou a respeitabilidade, ou se se destinarem a fins comerciais.* **Parágrafo único.** *Em se tratando de morto ou de ausente, são partes legítimas para requerer essa proteção o cônjuge, os ascendentes ou os descendentes.* **Art. 21.** *A vida privada da pessoa natural é inviolável, e o juiz, a requerimento do interessado, adotará as providências necessárias para impedir ou fazer cessar ato contrário a esta norma.*

[197] BVerfGE 7, 198, Corte Constitucional Federal Alemã, 1958.

[198] Eis um trecho do acórdão do caso Lüth, traduzido no acórdão da ADIN 4815/SD, STF: *"O que foi dito anteriormente sobre a relação entre os direitos fundamentais e o Direito Civil se aplica aqui também: "leis gerais" que tem efeito de limitação sobre um direito fundamental devem ser lidas à luz de seu significado e sempre ser construídas de forma a preservar o valor especial desse direito, com, em uma democracia livre, a presunção em favor da liberdade de expressão em todas as áreas, e especialmente na vida pública. Não podemos ver a relação entre direito fundamental e "leis gerais" no sentido de que as "leis gerais" por seus termos estabelecem limites ao direito fundamental, mas preferencialmente que a relação deve ser construída à luz do significado especial desse direito fundamental em um Estado democrático livre, de maneira que o efeito limitante das "leis gerais" sobre o direito fundamental seja, ele mesmo, limitado".*

diversas cortes, inclusive internacionais. Vale aqui transcrever as palavras da Min. Carmem Lúcia a respeito dos efeitos do caso *Lüth*:

> *"a) afirmaram-se os direitos fundamentais como primeira linha de direitos de defesa do cidadão contra o Estado; b) fixou-se a irradiação da eficácia jurídica dos direitos fundamentais no direito infraconstitucional, definindo-se a sua eficácia também para os particulares; c) ampliou-se o direito fundamental à liberdade de opinião, estabelecendo-se que o direito fundamental à liberdade de expressão garante mais que a livre manifestação de opinião, também o agir para influenciar outras pessoas, convencendo-as do que está convicto o ator; d) afirmou-se a primazia do direito à liberdade pela ideia de ordem objetiva de valores inseridos em princípios constitucionais fixados no sistema normativo, como se tem nos arts. 1 a 19 da Lei Fundamental Alemã; e) adotou-se o critério de ponderação de bens e valores (Güterabwägung) como método de resolução de casos difíceis, nos quais normas constitucionais tencionam e apresentam conflito aparente, que precisa ser solucionado[199]"*

Há outras transcrições de acórdãos na ADIN de casos do TEDH, como o caso Éditions Pon vs. France, julgado em 2004 e o famoso caso *Warren vs. Brandeis*, sobre o direito à intimidade (*the right to be alone*), julgado pela Suprema Corte Americana.

Ainda, o acórdão da ADIN cita o célebre caso da Princesa Caroline de Mônaco, também julgado pela Corte Constitucional Alemã[200]. Além de este caso ter sido citado pelo acórdão da ADIN 4815 já aqui comentado, para nós ele também é de grande relevância, porque exemplifica uma controvérsia na interpretação dos mesmos direitos humanos analisados por uma corte interna e por uma corte regional, de modo que o TEDH[201] adotou entendimento diverso daquele adotado pela corte alemã.

A Princesa Caroline morava na Alemanha e fez o pedido à corte constitucional para que a imprensa fosse impedida de tirar fotos suas, já que por viver naquele país, não era de fato princesa e, por isso, levava uma vida particular e não pública. Na Alemanha, a decisão foi favorável

[199] íntegra do acórdão: https://www.conjur.com.br/dl/acordao-biografias-nao-autorizadas.pdf.

[200] *Caroline de Monaco, II, BVerfGE, 101, 361* (1999), Corte Constitucional Alemã.

[201] *Caroline Von Hannover vs. Germany, Application n. 74969/01,* TEDH.

ao direito de imprensa, ao passo que na corte europeia, a decisão foi favorável ao direito de privacidade e intimidade da princesa.

Estes casos aqui mencionados são aptos a demonstrar e comprovar que o I) diálogo entre cortes existe e torna a argumentação mais segura e rica, mesmo que não exista uma obrigatoriedade de uma corte interna obedecer à uma corte internacional e que II) há divergências de entendimento a respeito dos conflitos ou limites dos direitos humanos e/ou fundamentais, sendo plenamente possível que uma corte internacional/regional adote entendimento diverso daquele adotado por uma corte constitucional e vice e versa, o que é plenamente natural e aceitável, como já dito.

Até mesmo porque, se a estrutura normativa e jurisprudencial a nível internacional não está diretamente calcada na forma democrática de representatividade popular[202], não podemos admitir que o Direito Internacional seja supremo e definitivo em relação ao direito interno dos Estados ou em relação à interpretação dos Direitos Humanos, especialmente quando se está frente ao conteúdo legislativo ou jurisprudencial de Estados Democráticos de Direito – cujo pressuposto é a existência de uma Constituição democrática.

Em outras palavras, o déficit democrático que de fato existe, tal qual é para nós um impeditivo à criação de uma constituição internacional (ou mesmo regional), é também um obstáculo à eventual hegemonia do Direito Internacional.

Ora, é real o déficit democrático das cortes internacionais quando o analisamos, por exemplo, sobre o ponto de vista da escolha de seus juízes e a pouca influência que os cidadãos podem ter sobre a sua composição, de tal modo que não nos parece crível admitir que uma corte internacional detenha a última e definitiva palavra sobre a interpretação dos direitos humanos[203], especialmente em relação às cortes internas.

O que nos parece crível – e imperioso – é que estas cortes dialoguem entre si, buscando os melhores argumentos e soluções para os comple-

[202] Brunkhorst, Hauke. ***Constitucionalização sem democracia***, In: Bigonha, Antonio Carlos e Moreira, Luiz. ***Legitimidade da Jurisdição Constitucional***. Rio de Janeiro: Lumen Juris, 2010. p. 66.

[203] Sarmento, Daniel. Op. cit. p. 133.

xos casos que lhe são impostos e, quando necessário, ajustando-se e retificando-se de forma mútua.

Contra a supremacia do Direito Internacional em relação ao direito interno há ainda o argumento do relativismo cultural, sobre o qual temos algumas ressalvas. Azevedo Gonçalves traduziu para o português a obra do filósofo James Rachel, para quem não existe uma moral/verdade universal, porquanto cada sociedade possui o seu código de ética e de moral, que determina para esta sociedade específica o que é certo e o que é errado conforme o seu próprio código e costume moral[204].

A constatação de James Rachel, apesar de parecer controversa, na prática é real. Contudo, o que não concordamos é que tal constatação seja utilizada como óbice ao reconhecimento e aplicação dos Direitos Humanos, especialmente quando a intenção de certos Estados é se utilizar de sua cultura e religião, por exemplo, para justificar barbáries e práticas não aceitáveis ao menos pela maioria absoluta da comunidade internacional.

Mas também é verdade que estes Direitos Humanos não podem ser impostos a fórceps pelos Estados, de maneira absolutamente, embora ao nosso ver todos os Estados nacionais devam reconhecer um piso de direitos fundamentais.

É justamente por esta razão que o diálogo se faz necessário porque ele é capaz de viabilizar importantes mudanças de pensamento e posicionamento jurídico, quiçá cultural, e assim, acreditamos piamente que o diálogo entre as cortes regionais de direitos humanos, notadamente a americana e europeia, pode desenvolver um papel preponderante nesse sentido, mesmo consideradas as reais diferenças culturais e jurídicas entre os dois continentes.

2.5. O caso do Brasil como exemplo do diálogo normativo com o Direito Internacional dos Direitos Humanos.

Como já mencionado anteriormente, a Constituição da República Federativa do Brasil, de 1988, estabelece a possibilidade e parâmetros para que os tratados internacionais de direitos humanos sejam recepcionados com *status* de norma constitucional (art. 5º, §§ 2º e 3º). Esta previsão

[204] Rachel, James. ***Elementos de Filosofia Moral.*** Traduzido por F.J., Azevedo Gonçalves, Lisboa: Gradiva, 2004. P. 30.

constitucional é muito importante do ponto de vista do diálogo normativo interno-internacional[205].

Além disso, a Constituição brasileira também dispõe de uma série de direitos fundamentais, os quais não constituem rol taxativo, conforme determinado pela própria constituição, já que ela não exclui outros direitos decorrentes de princípios ou de tratados internacionais de direitos humanos ratificados pelo Brasil.

É exatamente nesse contexto de abertura à normativa internacional que foi promulgada a emenda constitucional nº 45 no ano de 2004, de extrema relevância no âmbito do diálogo com o Direito Internacional, porquanto apresenta disposições acerca da recepção de tratados internacionais de direitos humanos.

A famigerada Emenda Constitucional n. 45 acrescentou ao art. 5º, da CF o parágrafo 3º por meio do qual os tratados e convenções internacionais de direitos humanos podem ser adotados com *status* de norma constitucional, desde que aprovados em cada casa do Congresso Nacional em dois turnos e por três quintos dos votos da totalidade de membros de cada casa[206].

Apesar de a matéria já estar pacificada, houve muitas controvérsias doutrinárias sobre a natureza desses tratados internacionais quando incorporados ao ordenamento jurídico interno, especialmente se tais tratados integrariam o bloco de constitucionalidade ou se teriam natureza de leis infraconstitucionais.

Ora, a toda evidência, o texto constitucional é muito claro no sentido de que os tratados internacionais de direitos humanos, se recepcionados nos termos da Constituição, deverão ser tratados com *status* de emenda constitucional, integrando, portanto, o bloco de constitucionalidade. E tal entendimento também está em consonância com os princípios e

[205] O assunto abordado neste item é resultado do relatório por nós apresentado em setembro 2015, na FDUL, para a conclusão da disciplina de Direito Internacional dos Direitos Humanos, com o título *O Direito Internacional da Pessoa Humana como instrumento para erradicação do trabalho forçado.*

[206] CRFB: Art. 5º, § 3º Os tratados e convenções internacionais sobre direitos humanos que forem aprovados, em cada Casa do Congresso Nacional, em dois turnos, por três quintos dos votos dos respectivos membros, serão equivalentes às emendas constitucionais. (Incluído pela Emenda Constitucional nº 45, de 2004). http://www.planalto.gov.br/ccivil_03/constituicao/constituicao.htm.

valores que nortearam a elaboração da Constituição de 1988, bem como com a própria ideia e necessidade da emenda constitucional nº 45[207].

Há outras controvérsias, como por exemplo, sobre os tratados promulgados antes da Emenda 45 de que forma eles seriam recepcionados. Contudo, também nos parece que essa discussão é desnecessária, porquanto o § 2º, do artigo 5º da Constituição[208] é claro no sentido de que a Constituição não excluir outros direitos decorrentes de princípios ou tratados internacionais de direitos humanos dos quais o Brasil seja signatário. Portanto, a Emenda Constitucional 45/2004 apenas efetivou o que já fora disposto no § 2º, do artigo 5º[209].

Independente das discussões doutrinárias, o Supremo Tribunal Federal já se posicionou sobre o tema por ocasião de julgamento sobre a prisão civil de depositário infiel afirmou, e fazendo menção ao Pacto Internacional dos Direitos Civis e Políticos (art. 11) e à Convenção Americana de Direitos Humanos (art. 7º), destacou a natureza destes tratados sobre direitos humanos e seu *status* na ordem jurídica brasileira, logo abaixo da Constituição, porém acima da legislação interna. Ou seja: o STF, reconhecendo a determinação da EC n. 45/2004 declarou o PIDCP e a Convenção americana como normas de caráter supralegal[210] dentro do direito brasileiro.

[207] Nesse sentido é o posicionamento de um dos expoentes brasileiros do Direito Internacional Público, ANTONIO AUGUSTO CANÇADO TRINDADE, em *Tratado de Direito Internacional dos Direitos Humanos* (Volume I). Porto Alegre: Sergio Antonio Fabris, 1997, p. 123.

[208] CRFB, Art. 5º"§ 2º – *Os direitos e garantias expressos nesta Constituição não excluem outros decorrentes do regime e dos princípios por ela adotados, ou dos tratados internacionais em que a República Federativa do Brasil seja parte*".

[209] JOSÉ CARLOS FRANCISCO esclarece que os tratados internacionais de direitos humanos promulgados antes da EC 45/2004 também devem ser recepcionados com *status* de emenda constitucional: ***Bloco de Constitucionalidade e recepção dos tratados internacionais***. In: LENZA, Pedro. (Org). Reforma do Judiciário. São Paulo: Ed. Método, 2005. p. 100. CELSO LAFER entende que os tratados promulgados antes ou depois da EC nº 45/2004 devem ser tratados com hierarquia de norma constitucional, por terem sido recepcionados pelo artigo 5º, § 2º da CRFB (*A internacionalização dos direitos humanos: Constituição, racismo e relações internacionais*. São Paulo: Ed. Manole, 2005, p. 14).

[210] STF, RE 349703/RS – Rio Grande do Sul, Rel. Min. CARLOS BRITTO, Julgamento em 3 de dezembro de 2008. Ementa: *PRISÃO CIVIL DO DEPOSITÁRIO INFIEL EM FACE DOS TRATADOS INTERNACIONAIS DE DIREITOS HUMANOS. INTERPRETAÇÃO DA PARTE FINAL DO INCISO LXVII DO ART. 5O DA CONSTITUIÇÃO BRASILEIRA DE 1988. POSIÇÃO HIERÁRQUICO-NORMATIVA DOS TRATADOS INTERNACIONAIS DE DIREITOS*

Portanto, de forma definitiva, o direito interno do país permite a adoção de normas internacionais que passarão a integrar o bloco de constitucionalidade, desde que provenientes de instrumentos voltados à proteção dos Direitos Humanos.

A nosso ver, o entendimento da Corte Constitucional brasileira certamente compartilha com a ideia de que o direito interno e o direito internacional podem dialogar e se harmonizar, sempre imbuídos do espírito de que ambos necessitam efetivar seus sistemas de proteção dos seres humanos.

E, a partir do momento em que os tratados de direitos humanos são devidamente ratificados e inseridos no ordenamento jurídico brasileiro, o Brasil está comprometido a respeitar e, sobretudo, a criar uma base legislativa que atenda aos princípios básicos estabelecidos nos referidos tratados, primando, dentre outras questões relevantes.

Nesse contexto, muito relevante o brilhante ensinamento de André de Carvalho Ramos ao destacar que "*não é suficiente ratificar e incorporar tratados de direitos humanos ou ainda defender seu estatuto normativo especial (supralegal ou mesmo constitucional). É necessário aceitar – em sua integralidade – a consequência da internacionalização dos direitos humanos, que vem a ser o acatamento da interpretação internacional sobre esses direitos. A internacionalização dos direitos humanos não deve ser restrita aos textos dos tratados: a interpretação destes não pode continuar a ser nacional*"[211].

HUMANOS NO ORDENAMENTO JURÍDICO BRASILEIRO. Desde a adesão do Brasil, sem qualquer reserva, ao Pacto Internacional dos Direitos Civis e Políticos (art. 11) e à Convenção Americana sobre Direitos Humanos – Pacto de San José da Costa Rica (art. 7º, 7), ambos no ano de 1992, não há mais base legal para prisão civil do depositário infiel, pois o caráter especial desses diplomas internacionais sobre direitos humanos lhes reserva lugar específico no ordenamento jurídico, estando abaixo da Constituição, porém acima da legislação interna. O status normativo supralegal dos tratados internacionais de direitos humanos subscritos pelo Brasil torna inaplicável a legislação infraconstitucional com ele conflitante, seja ela anterior ou posterior ao ato de adesão. http://www.stf.jus.br/portal/jurisprudencia/listarJurisprudencia.asp?s1=%28RE%24%2ESCLA%2E+E+349703%2ENUME%2E%29+OU+%28RE%2EACMS%2E+ADJ2+349703%2EACMS%2E%29&base=baseAcordaos&url=http://tinyurl.com/b7evufv. Consultado em 12 de janeiro de 2015.

[211] Ramos, André de Carvalho. ***Realizando a convergência...***Op. cit. p. 461.

CAPÍTULO 3
AS BASES PARA O DIÁLOGO NAS CORTES REGIONAIS DE DIREITOS HUMANOS

3.1. As premissas para o diálogo judicial regional com apoio na teoria de Maurício Ramires sobre o diálogo judicial internacional

Já se pode concluir até aqui que a evolução do Direito Constitucional acompanhou a evolução do Direito Internacional dos Direitos Humanos, de tal modo que diversas constituições ocidentais incorporaram em seu conteúdo direitos humanos previstos em instrumentos normativos internacionais.

Podemos assim afirmar com bastante segurança que a constituição não traduz pensamento sociocultural, político e jurídico exclusivamente de um determinado Estado, sendo que o conteúdo axiológico que se extrai de uma determinada constituição certamente é comum a diversos Estados[212].

Nesse contexto, nos debruçaremos a analisar a teoria do diálogo judicial internacional entre cortes internas e internacionais adotada por Maurício Ramires, a partir da qual seguiremos a nossa própria posição para uma análise mais focada entre o diálogo entre cortes internacionais, mas não sem antes verificar contrapontos que possam enriquecer o debate ou de que maneira a teoria proposta por Mauricio Ramires para

[212] Ramires, Maurício. Op. cit. p. 24.

um diálogo judicial exclusivamente realizado entre cortes constitucionais ao redor do mundo pode contribuir para a melhor compreensão do diálogo judicial internacional entre cortes regionais de direitos humanos, ou seja, um diálogo horizontal.

O entendimento adotado por Ramires é tratado justamente em sua tese de doutoramento orientada pelo Ilustre Professor Jorge Miranda e apresentada à Faculdade de Direito da Universidade de Lisboa para obtenção do título de doutor. Referida tese foi transformada no livro *Diálogo Judicial Internacional – o uso da jurisprudência estrangeira pela justiça constitucional,* o qual também tem servido de base à elaboração do presente trabalho.

O pressuposto fático da teoria de Maurício Ramires é o fato objetivo de que os tribunais de todo o mundo têm buscado entender a maneira pela qual seus congêneres de outras jurisdições vêm aplicando o direito constitucional em matérias e casos análogos.

Para o autor, portanto, este fenômeno é o chamado *diálogo judicial internacional,* que se justifica como um fator de consolidação do Estado Democrático de Direito e da consagração, resguardo e efetivação dos direitos humanos[213].

Ramires trata o diálogo judicial internacional como uma conversa multilateral, o que pressupõe a existência de uma *gramática compartilhada* entre o direito constitucional dos Estados, que segundo o autor nasceu justamente da evolução pela qual passou o constitucionalismo até chegarmos à atual compreensão do Estado Democrático de Direito[214].

Concordamos desde já que essa *gramática compartilhada* é fruto de sistemas principiológicos comuns a diversos países, notadamente os do Ocidente. Mas apesar de Ramires não tratar especificamente desta questão, não conseguimos vislumbrar o nascimento desses sistemas principiológicos sem uma grande e determinante influência do direito internacional, notadamente no âmbito dos direitos humanos e especialmente no pós-segunda Guerra Mundial, quando o constitucionalismo passa a ter uma nova acepção, como já visto.

[213] Ramires, Maurício. Op. cit. p. 26.
[214] Ramires, Maurício. Op. cit. p. 26.

É por isso que nossa proposta é analisar o diálogo judicial internacional não do ponto de vista da conversa mantida entre os diversos Estados nacionais, mas, sobretudo, da conversa mantida entre os congêneres regionais, notadamente os tribunais europeu e americano de direitos humanos, o que faremos por meio da comparação entre as técnicas de julgamento de cada um deles.

Contudo, é preciso dizer desde já que essa conversa, tal como mantida entre os tribunais constitucionais, só é viável porque existe sim um ponto de convergência de conceitos e ideias jurídicas no plano internacional[215], especialmente em matéria de direitos humanos. Existe, portanto, a tal gramática comum, ou a *gramática compartilhada* de Ramires, porque, de fato, os direitos humanos não estão adstritos às fronteiras dos Estados nacionais.

Com base nas questões já mencionadas, Ramires prossegue estudando o papel dos tribunais internacionais na atividade dialogal e sua influência para a justiça constitucional na ordem jurídica interna. É a partir deste ponto que pretendemos abordar os parâmetros por ele utilizados, mas para o enfoque de um diálogo estritamente internacional, entre os já mencionados tribunais regionais de direitos humanos.

Nesse sentido, nos parece evidente desde já que esse processo de diálogo destes tribunais não tem como papel apenas o de espalhar influências, mas, quem sabe, o de exercer um papel de unificação da prática dos seus Estados-membros[216], conferindo maior segurança jurídica à sociedade, cujos cidadãos estarão cientes de que a ordem jurídica interna de seu país não agirá de forma contrária àquela decidida pelo tribunal regional e eventualmente já adotada por outros países membros da mesma Convenção.

Além disso, o diálogo é necessário sob o ponto de vista da criação dos precedentes, um dos pontos mais relevantes deste trabalho, que poderão e deverão ser adotados pelos tribunais regionais em suas esferas de atuação, garantindo-se que não sejam tomadas medidas contrárias aos direitos internacionalmente previstos.

Essa preocupação é muito importante principalmente quando se constata que na maioria das vezes o conteúdo das normas internacio-

[215] Rigaux, François. ***A lei dos juízes.*** Op. cit. p. 151.
[216] Ramires, Maurício. Op. cit. p. 184.

nais de direitos humanos é vago. É evidente que isso ocorre porque as normas de direitos humanos têm, por essência, uma característica mais geral. Por outro lado, como bem ressalta Eva Brems em artigo objeto de estudo por Ramires, "*isso também é resultado da busca por consenso diplomático: quanto mais vago é o texto, mais fácil é a obtenção do acordo necessário para sua aproximação*"[217].

Ora, se as disposições dos direitos humanos nos tratados e convenções internacionais ou regionais possuem conteúdo vago ou genérico, fica fácil perceber a dificuldade que os tribunais podem encontrar ao aplicar determinada norma na solução de um caso concreto. Evidentemente, as normas já postas não têm condições de prever todos os casos e circunstâncias da vida, mas quando um juiz se vê diante de um caso complexo, cuja aplicação da norma seja dificultosa, ele pode e deve recorrer aos precedentes, à uma análise comparativa diante de seus juízes congêneres, a fim de encontrar a melhor solução para a situação por ele analisada.

Nesse contexto, Ramires ressalta que os juízes recorrem à jurisprudência internacional no intuito de encontrar um *safe ground* que possa auxiliá-los especialmente em questões novas, legitimando assim suas decisões nos casos concretos e complementa afirmando que esta é a razão também porque muitas vezes os tribunais internacionais recorrem aos tribunais constitucionais nacionais[218].

Apesar de ser essa uma conduta de fato importantíssima dentro do diálogo judicial, nossa proposta é demonstrar que essa busca por um *solo seguro* pode e deve ser feita também em relação aos próprios tribunais internacionais e notadamente em relação aos tribunais regionais de direitos humanos, com um diálogo que possa eventualmente formar uma jurisprudência internacional, pelo menos a respeito de temas gerais e basilares dos direitos humanos.

Veja-se, por exemplo, que o Estatuto do Tribunal Internacional de Justiça prevê em seu artigo 38, n. 1, alínea *d*, a possibilidade de que "*as decisões judiciais e as doutrinas dos publicistas de maior competência das diferentes nações como meio auxiliar para a determinação das regras de direito*".

[217] Brems, Eva. ***Human Rights: Universality and Diversity***. The Hague: Martinus Nijhoff Publishers, 2001, p. 393, Apud: Ramires, Maurício. Op. cit. p. 185.
[218] Ramires, Maurício. Op. cit. p. 186.

Ou seja: se há possibilidade de se buscar a jurisprudência interna de cada tribunal constitucional nacional, por que não se determinar a possibilidade de um diálogo entre os tribunais internacionais ou regionais congêneres?

Isso é o que Ramires denomina de um *diálogo horizontal,* o que, em nosso entendimento, conferiria ainda mais legitimidade na atuação destes tribunais, notadamente perante as jurisdições nacionais.

Ramires ressalta, com fundamento em Anne-Marie Slaughter, que o diálogo horizontal cria uma espécie de influência horizontal, em que os tribunais utilizam citações diretas de forma recíproca ou a chamada *emulação tácita*[219]. Com isso, entendemos que o diálogo horizontal não representa apenas a utilização direta de uma jurisprudência, com citações de terminados casos, mas também a possibilidade de uma atuação silenciosa e conjunta, reafirmando a legitimidade e autoridade análogas.

Feitas essas breves considerações a respeito da importância do diálogo judicial internacional, é preciso entender sob quais circunstâncias se dá o fenômeno do diálogo internacional e por que adotamos a nomenclatura utilizada por Maurício Ramires.

É possível dizer que o diálogo judicial internacional que aqui buscamos estudar abarca, na verdade, um pouco da estrutura ou das características de diversos fenômenos jurídicos relacionados com o direito internacional e com o constitucionalismo. Inclusive, se buscarmos alguns subsídios nestes fenômenos, conseguiremos ter uma melhor compreensão do diálogo internacional, especialmente do diálogo horizontal, ou seja, da conversa entre as cortes europeia e americana de direitos humanos.

Um destes fenômenos é a *interconstitucionalidade,* cuja análise apresentada por Canotilho permite afirmar que o fenômeno é um processo de construção do constitucionalismo na Europa e que estuda as semelhanças interconstitucionais de concorrência, pontos de convergência, justaposição ou conflitos entre as várias constituições do mesmo território político[220]. Para o Professor Jorge Miranda, a interconstitucionalidade se distingue do *transconstitucionalismo* porque não se trata do

[219] Ramires, Maurício. Op. cit. p. 186.

[220] Canotilho, J.J. Gomes. ***"Brancosos" e interconstitucionalidade: itinerários dos discursos sobre a historicidade constitucional.*** 2ª ed. Coimbra: Almedida, 2008. p. 197.

estudo do entrelaçamento ou da superposição de uma ordem jurídica sobre a outra, mas de uma conversa entre as ordens jurídicas diversas[221].

O *trasnconstitucionalismo* por sua vez, um dos fenômenos que fornecem subsídios para o diálogo judicial internacional, e termo cunhado por Marcelo Neves, tem mais que ver com uma proposta de coexistência ou de entrelaçamento entre ordens constitucionais diversas, com o intuito de aprendizado mútuo. Nesse sentido, as citações recíprocas de julgados pelos tribunais constitucionais seria uma das consequências do transconstitucionalismo[222].

Outro fenômeno relevante é o *Direito Constitucional Global,* que tem muito a ver com temas já tratados nos itens anteriores, notadamente a questão da relação entre a globalização e o direito constitucional, ou seja, como a jurisdição constitucional se expandiu no mundo inteiro, graças ao reconhecimento da Constituição como uma lei suprema e da importância do Judiciário na maioria absoluta dos Estados nacionais democráticos, sobretudo no controle de constitucionalidade. Com isso, gera-se sem dúvidas uma maior comunicação entre as ordens constitucionais. O que para nós ainda não está claro, é se esse fenômeno teria o condão de efetivamente dissolver as ordens constitucionais para a formação de uma constituição universal, como defendido por alguns.

Outros fenômenos são também citados por Maurício Ramires para aporte de sua teoria sobre o diálogo judicial internacional e merecem menção. Um deles é o *Direito Constitucional comparado,* que seria um braço da doutrina do direito comparado, mas que se debruçaria a analisar de forma comparada as matérias atinentes ao Direito Constitucional[223]. Para doutrinadores como os Professores Basil Markesinis e Jörg Fedtke, o exercício de comunicação ou de citação de precedentes entre os tribunais nada mais é do que o exercício do direito comparado[224].

Os denominados *Transplantes constitucionais* são outro fenômeno citado por Ramires ao explicar a teoria de Alan Watson, que os define como o transplante de uma estrutura normativa de um determinado Estado para outro, ou a recepção e até mesmo imposição de uma ordem jurídica de um país por outro país. Para elucidar sua explicação, Alan

[221] MIRANDA, Jorge. ***Teoria do Estado e da Constituição,*** Op. cit. p. 187.

[222] NEVES, Marcelo. ***Transconstitucionalismo,*** Op. cit. p. 129.

[223] RAMIRES, Maurício. Op. cit. p. 202.

[224] MARKESINIS, Basil; FEDTKE, Jörg. ***Engaging with Foreign Law.*** Hakt Publishnig, 2009. p. 73.

fornece como exemplo o caso das inúmeras colônias que adotaram os sistemas jurídicos de suas metrópoles[225].

Por fim, podemos citar os chamados *Empréstimos constitucionais* e a denominada *Migração de ideias constitucionais.* O primeiro fenômeno é uma expressão muito usada para indicar a utilização do direito constitucional comparado na prolação de sentenças judiciais relacionadas com a interpretação do conteúdo de determinada Constituição. Ramires cita como exemplo concreto o costume que a Suprema Corte Americana tem de utilizar decisões de tribunais estrangeiros ou mesmo de tribunais internacionais[226].

A *Migração de ideias constitucionais* traduz uma abrangência maior que a ideia anterior, porquanto diz respeito à utilização da Constituição de outro país no processo constituinte. Neil Walker explica o emprego da palavra *migração,* afirmando que migração se distingue de transplante ou de empréstimo porque não pressupõe a tomada de qualquer atitude pelo "cedente" ou pelo "cessionário", ao passo que se trata, simplesmente, do movimento de migração do sistema constitucional para o sistema de elaboração da própria constituição do país receptor.

Por fim, o termo *diálogo judicial internacional,* que é o termo adotado neste trabalho, se refere a um fenômeno mais abrangente, mais multilateral, que abarca muito mais do que citações diretas feitas pelos tribunais. Trata-se da literalidade da palavra *diálogo,* que representa justamente uma conversa mantida entre os tribunais por todo o mundo. E não é apenas uma conversa entre tribunais constitucionais, mas uma conversa entre tribunais internacionais e também entre tribunais internacionais e os nacionais, numa verdadeira troca intelectual.

Pelo que se sabe, essa expressão foi utilizada pela primeira vez por Andrew Strauus em 1995 e mais tarde por um grupo de alunos em um artigo elaborado para a Revista de Direito de Harvard[227], até se tornar uma expressão bem comum no meio acadêmico.

Para nós, a expressão é a mais ideal para representar o fenômeno que pretendemos aqui estudar, ou seja, a troca de ideias, conceitos,

225 WATSON, Alan. ***Legal Transplants: Na approach to Comparative Law,*** 2ª ed. Athens: University of Georgia Press, 1993. p. 21, *Apud*: RAMIRES, Maurício. Op. cit. p. 205.

226 RAMIRES, Maurício. Op. cit. p. 206.

227 RAMIRES, Maurício. Op. cit. p. 206.

concepções e precedentes entre os tribunais ao redor do mundo. Veja-se ainda que a expressão *diálogo judicial internacional* também se amolda melhor à prática da conversa intelectual e multilateral mantida entre os tribunais, ao contrário do que os outros fenômenos acima mencionados representam.

O diálogo é mais do que um transplante de conceitos, mais do que um empréstimo ou mesmo que a migração de ideias, porque ele pressupõe uma troca, uma ação multilateral de todos os sujeitos envolvidos. Um tribunal conversa com outro através da troca de ideias pelos seus juízes, de forma que os precedentes possam ser co-construídos[228] de forma suficientemente desenvolvidos a fim de solucionar casos complexos e comparáveis que exijam a interpretação de normas de direitos humanos.

De outro lado, nos parece que o diálogo judicial internacional se aproxima bastante da interconstitucionalidade. Se o interconstitucionalismo serve para designar uma comunicação entre ordens constitucionais, como bem explicado pelo Professor Jorge Miranda, o diálogo judicial internacional, mesmo o que pretendemos aqui abordar, para além das ordens constitucionais, serve justamente para criar uma conversa intelectual e dialética entre os sistemas de normativas regionais, em matéria de direitos humanos.

Serve ainda para, alheio ao acoplamento ou sobreposição entre qualquer sistema ou estrutura das diversas normas constitucionais – o que o afasta também do transconstitucionalismo – legitimar a atuação dos tribunais internacionais ou regionais perante as jurisdições nacionais, e perante a própria sociedade, diante da maior segurança jurídica propiciada pelo diálogo.

3.2. A questão da hermenêutica no diálogo judicial internacional

Existem razões substanciais pelas quais se busca fazer uma análise comparativa entre as técnicas de julgamento das cortes europeia e americana de direitos humanos. Para nós, uma das mais importantes e relevantes justificativas reside no valor hermenêutico que podemos atribuir à análise comparativa da jurisprudência e/ou dos precedentes, e como essa hermenêutica é utilizada como ferramenta argumenta-

[228] Ramires, Maurício. Op. cit. p. 209.

tiva e difundida no sentido de consolidar a diplomacia entre os juízes, a independência da justiça internacional perante os poderes políticos e a sociedade e, mais ainda do que isso, a formação de um verdadeiro *ius comune* em matéria dos direitos humanos a nível global.

Estamos certos de que a partir do momento em que fizermos a análise prática do diálogo judicial internacional entre as cortes europeia e americana, encontraremos razões distintas que justificam o diálogo, pelo menos em questões mais particulares. Contudo, as razões acima mencionadas justificam o diálogo judicial internacional como um todo e revelam a importância deste fenômeno jurídico para a consolidação de um sistema universal de direitos humanos.

De início, nos apoiamos na primeira justificativa que a nosso ver torna o diálogo relevante do ponto de vista horizontal, ou seja, entre tribunais congêneres de direitos humanos. Essa justificativa é a independência destes órgãos de jurisdição frente aos sistemas políticos dos Estados e à própria sociedade.

Sem qualquer dúvida, a independência dos magistrados, qualquer que seja o órgão jurisdicional em que ele exerce a função judicante, é imprescindível para a autonomia do próprio direito. Ora, o Judiciário nada mais é do que o guardião do direito, das liberdades, dos direitos individuais e dos direitos coletivos e essa função somente pode ser exercida se houver respeito à sua independência e imparcialidade.

Veja-se que a independência do Poder Judiciário é questão tão relevante que está intrinsecamente relacionada com o processo de redemocratização de inúmeros Estados. Alejandro Garro, por exemplo, elaborou um estudo na década de 1990 a respeito da importância do Poder Judiciário na redemocratização argentina e chamou a atenção para o fato de que pouco se estuda essa função exercida pelos órgãos jurisdicionais nos processos de democratização, porquanto os analistas estão mais preocupados em entender as perspectivas políticas e econômicas desse processo[229].

De fato, a bibliografia sobre o assunto certamente comprova que os processos de democratização se desenvolvem mediante a constituição de um Poder Judiciário independente, e independente como uma con-

[229] GARRO, Alejandro. ***Nine years of transition to democracy in Argentina: partial failure or qualified success?*** Columbia: Columbia Journal of Transnational Law, Vol. 31, n. 1, 1993.

sequência da própria institucionalização da democracia enquanto regime político básico, e independente como condição *ceteris paribus* por meio das quais as figuras políticas atuam[230].

Afinal, em um Estado democrático de direito, não se concebe a ideia de que qualquer órgão jurisdicional esteja submetido às vontades e desejos de qualquer poder político, ou mesmo aos interesses de movimentos sociais ou grupos mais ricos e influentes. Não por outra razão, uma das características mais importantes das constituições, como já visto anteriormente, é a de limitar o poder político, impedindo o autoritarismo.

Não é à toa que o assunto da independência judicial é matéria constitucional em vários países como Portugal e Brasil. Nos termos do artigo 203º da Constituição da República Portuguesa, o Poder Judicial é independente, submetendo-se apenas e tão somente à lei. E para assegurar a independência dos magistrados, a Constituição prevê em seu artigo 216º a inamovibilidade (que se relaciona com o princípio do *juiz natural* – art. 32º, da CRP) e irresponsabilidade dos juízes, que nada mais é do que a impossibilidade de o juiz ser demandado em decorrência das decisões proferidas e sentenças prolatadas.

A Constituição brasileira assegura em seu artigo 2º que os Poderes Legislativo, Executivo e Judiciário são independentes e harmônicos entre si. Visando a assegurar essa independência do Judiciário, a CF estabelece em seu artigo 96 a competência do Poder Judiciário; em seu artigo 99, a autonomia administrativa e financeira e as próprias garantias do juiz (art. 33). Ou seja: a Constituição da República Federativa do Brasil estabelece a independência do Poder Judiciário, como instituição que é, e diz respeito à sua relação entre os demais poderes da República, bem como a independência do juiz, que diz respeito ao exercício da atividade jurisdicional.

Na mesma linha de raciocínio foi elaborado o texto da Lei Fundamental da Alemanha, cujo artigo 97 prevê a obrigatoriedade de juízes independentes e submetidos exclusivamente à lei. Diversas outras Constituições estabeleceram textos com conteúdo semelhante, o que estabeleceu um momento inédito na relação entre o Poder Judiciário e os demais poderes de um Estado.

[230] MAGALHÃES, Pedro Coutinho. ***Democratização e independência judicial em Portugal.*** Análise social, Vol. XXX, 130, 1995.

Veja-se ainda, por outro lado, que a independência judicial não é um privilégio dos magistrados ou uma simples prerrogativa, até porque, o Estado democrático de direito, em tese, não admite a possibilidade de que uma determinada classe de trabalhadores, notadamente de servidores públicos, detenha qualquer tipo de privilégios, ou mesmo de poderes, sem que não tenham com isso uma grande responsabilidade no exercício de suas funções. Portanto, como bem salienta Maurício Ramires, as prerrogativas dos magistrados, enquanto julgadores, estão muito mais relacionadas com as garantias públicas, como direitos da própria sociedade, do que com privilégios ou vantagens[231].

Ou seja: é direito de todo e qualquer cidadão o de ser julgado por um órgão jurisdicional isento, imparcial e sem qualquer influência ou ingerência de outros poderes ou setores da sociedade, ao passo que se torna do ponto de vista do julgador, um dever ético-social inerente ao exercício de suas funções[232].

Nesse contexto, basta entender de que maneira a independência judicial é um ponto de destaque no assunto do diálogo judicial internacional. Como já tivemos a oportunidade de destacar, o período após o fim da Segunda Guerra Mundial foi marcado por um amplo desenvolvimento dos direitos humanos, em nível internacional, e dos direitos fundamentais em nível nacional, com a positivação em tratados, convenções e Constituições. Isso criou dentro dos Estados nacionais uma nova estrutura constitucional, conferindo ao Poder Judiciário um papel de destaque, notadamente no controle de constitucionalidade de leis e atos administrativos.

O mesmo se deu em relação à justiça internacional, que nasceu graças à criação de diversos tratados e convenções no âmbito de atuação de importantes organizações internacionais. Assim é que os órgãos jurisdicionais passaram a exercer uma função preponderante no sentido de conferir maior efetividade ao cumprimento das normas internacionais e regionais de direitos humanos.

E a independência judicial nesse sentido guarda estrita relação com o diálogo judicial internacional, porquanto a utilização de preceden-

[231] Ramires, Maurício. Op. cit. p. 291.

[232] Dias, Jorge Figueiredo. ***A pretensão a um juiz independente como expressão do relacionamento democrático entre o cidadão e a justiça***. Sub Judice: Justiça e Sociedade, n. 14, Lisboa, 1999.

tes é uma ferramenta para legitimar decisões, notadamente nos casos complexos e que não possuem legislação específica que lhes seja aplicável em matéria de direitos humanos – considerando especialmente o comentário já feito em relação ao conteúdo vago e genérico dessas normas – e com isso, afirmar a independência dos órgãos jurisdicionais regionais e a consequente autonomia do Direito Internacional dos Direitos Humanos.

Até mesmo porque, o Direito Internacional dos Direitos Humanos teria extrema dificuldade em se afirmar – para além de todas as outras questões que dificultam sua aplicação – caso houvesse a tomada de decisões conflitantes e diversas em casos análogos pelos órgãos judicantes congêneres, quando se há normas que são muito parecidas, considerando o *solo comum* dessa matéria. Como bem menciona Guilherme Marinoni, decisões diversas em casos idênticos não se impõem e não são aceitas pelas partes vencidas[233].

Agora, imagine-se tal cenário diante dos Estados nacionais, que tampouco aceitaram as decisões eventualmente conflitantes proferidas pelas cortes regionais a que estão adstritos, além de terem razões para fomentar a desconfiança em relação ao intuito dos órgãos jurisdicionais. Daí porque, o diálogo judicial internacional favorece a independência judicial, tal como a independência judicial fomenta uma maior possibilidade de diálogo entre os juízes e tribunais em geral.

A questão ora tratada também se mostra ainda mais sensível em relação à matéria dos direitos humanos, por ser este um tema mais recente do ponto de vista global. Ou seja: inúmeras questões são novas em matéria de direitos humanos e todos os dias surgem novas situações que demandam a atuação dos órgãos judicantes sem que as normas postas tenham efetivas condições de acompanhar as circunstâncias da vida real.

Nesse sentido, Maurício Ramires aponta, com apoio na Juíza Claire L'Heureux-Dubé, da Suprema Corte Canadense, que os tribunais têm pouca jurisprudência própria a respeito de temas novos, o que torna ainda mais legítima a busca por precedentes em um diálogo horizontal, ou mesmo vertical (com tribunais constitucionais nacionais). L'Heureux-Dubé chama de *springboard* o uso de decisões estrangeiras

[233] MARINONI, Luiz Guilherme. ***Precedentes Obrigatórios***. São Paulo: Revista dos Tribunais, 2010. p. 184.

para criar e desenvolver uma jurisprudência própria do tribunal ou para superar brechas que os precedentes próprios não conseguem superar[234].

Parece-nos óbvio que as cortes regionais de direitos humanos têm toda a legitimidade de se utilizar do *springboard* para, igualmente, desenvolver sua jurisprudência, auxiliando-se mutuamente para se afirmarem perante a comunidade internacional, os Estados e a sociedade. Até mesmo porque, as atividades exercidas pelas cortes regionais ultrapassam as fronteiras territoriais dos Estados ao se confrontarem com questões que, muito embora complexas, são comuns a todos os Estados e seus cidadãos.

Assim é que, nas brilhantes palavras de Jilie Allard, os juízes são na atualidade os agentes mais importantes e ativos na mundialização do direito e como tais, engenheiros de sua transformação[235]. Além disso, uma vez sendo efetivo o diálogo na esfera horizontal, certamente ele exercerá uma boa influência sobre os tribunais nacionais, que poderão, também com isso, apropriar-se de um relevante poder discricionário dentro do próprio Poder Judiciário. Até mesmo porque, nos parece que os tribunais constitucionais estão hoje mais dispostos a admitir a influência da jurisprudência internacional, o que revela a importância do diálogo judicial internacional no sentido de criar um solo comum na aplicação das normas de direitos humanos.

Maurício Ramires também aborda a relevância do diálogo judicial internacional, embora seu viés seja mais voltado à influência que tal diálogo exerce sobre os tribunais nacionais. Contudo, ao abordar o tema, o doutrinador chama a atenção para um fato que também queremos ressaltar nesta obra.

Para Ramires, o diálogo judicial internacional desenvolve um papel hermenêutico na consolidação da democracia. Ou, em outras palavras, o direito é devidamente aproveitado como fator de construção e/ou reconstrução da democracia[236].

[234] L'Heureux-Dubé, Claire. ***The Importante of Dialogue: Globalization, the Rehnquist Court of Human Right***. In: Belsky, Martin H. (org.). The Rehnquist Court: a retrospective. New York: Oxford University Press, 2002. p. 237.

[235] Allard & Garapon, ***Les Juges dans la Mondialisation*** *Apud* Maurício Ramires, Op. cit. p. 296.

[236] Ramires, Maurício. Op. cit. p. 298.

Resta-nos, contudo, entender se o diálogo judicial internacional horizontal entre as cortes regionais de direitos humanos também exerce essa mesma função e se sim, de que maneira exatamente. Como metodologia de desenvolvimento desta pesquisa, já discutimos brevemente a necessidade do estabelecimento de um diálogo equilibrado entre o direito internacional e o direito constitucional. Acreditamos, por todos os motivos já expostos, que existe uma ligação indissociável entre os dois ramos do Direito e que, de fato, o Direito Constitucional sofreu grande influência do Direito Internacional dos Direitos Humanos, notadamente nos países do Ocidente e especialmente no pós-guerra mundial.

Ocorre que todos esses fatos também estão relacionados com a reconstrução da democracia nos diversos países que sofreram com o período de ditaduras e regimes autoritários, mesmo no pós-guerra, e não obstante o maior desenvolvimento dos direitos humanos e dos direitos fundamentais neste período. De fato, e como pudemos concluir até aqui, a reconstrução da democracia muito se deve ao surgimento da justiça internacional e do definitivo estabelecimento da justiça constitucional nos mais diversos Estados nacionais.

partir do estabelecimento da justiça constitucional e dos mecanismos de controle de constitucionalidade, os regimes democráticos passaram a se solidificar. Basta verificar que mesmo em regimes totalitários, o Poder Judiciário foi preservado, ao menos em sua natureza – e sem adentrar ao mérito de seu efetivo exercício de funções – e parte da doutrina justifica esse fenômeno na tentativa dos mencionados regimes de se legitimar politicamente, como se o Poder Judiciário fosse uma forma de mostrar à sociedade que há limites aos poderes totalitários[237].

Veja-se que ainda hoje, e mesmo em regimes que não são autoritários ou ditaduras, o Poder Judiciário, através de suas decisões e julgamentos muitas vezes históricos, é utilizado como fator de legitimação de medidas tomadas no âmbito de discricionariedade de outros poderes, legislativo ou executivo, por exemplo. Aliás, isso só ocorre justamente porque as normas constitucionais preveem o papel dos órgãos jurisdicionais nesse sentido.

[237] MOUSTAFA, Tamir; GINSBURG, Tom. ***Rule by Law: The Politics of Courts in Authoritarian Regimes.*** New York: Cambridge University Press, 2008. p. 5.

Um exemplo bem recente sobre esta questão ocorreu no Brasil, com o processo de *impeachment* da então presidente Dilma Roussef no Brasil, em 2016. O processo, embora iniciado e desenvolvido dentro do Poder Legislativo, nas Casas do Congresso Nacional, foi presidido pelo Presidente do Supremo Tribunal Federal, nos termos do que determina a Lei n. 1.079 de 1950, recepcionada pela Constituição Federal de 1988.

O fato de o *impeachment* ser presidido pelo presidente da mais alta corte do Poder Judiciário confere maior legitimidade ao processo e torna difícil aceitar alegações de *golpe de estado,* pois se sabe que o procedimento foi efetivamente fiscalizado pelo Poder Judiciário, um poder independente e que não guarda relação com os interesses dos demais poderes. Este é, claro, apenas um dos vários papéis que o Poder Judiciário deve exercer em um Estado democrático de direito, sem contar sua função no exercício do controle de constitucionalidade, prevista em quase todas as Constituições democráticas do mundo.

Assim é que a a justiça constitucional exerceu um papel importante no processo de reconstrução das democracias ocidentais, ela ainda hoje continua exercendo um papel preponderante na afirmação e manutenção dessas democracias, muitas delas ainda recentes.

O que verdadeiramente ocorre é que, a simples existência do Poder Judiciário cria oportunidades de as ordens estabelecidas, quaisquer que sejam, serem questionadas. Nesse sentido, Maurício Ramires menciona que:

> "*não parece haver melhor modo de os juristas trazerem à luz a ilegitimidade das práticas autoritárias em seus países do que as confrontando com a experiência das democracias efetivas. A consideração e a invocação das jurisprudências constitucionais de outras nações são de valor autoevidente para os juízes e demais atores políticos que se puserem a tentar aproveitar a oportunidade de que aqui se fala. É através da atenção ao diálogo judicial que estes julgadores poderão remover a 'capa de sentido' que encobre os seus institutos constitucionais por obra da pantomina autoritária, desvelando os significados que tais institutos ganharam ao longo da tradição compartilhada do constitucionalismo democrático, e assim fazendo-os valer na sua realidade interna*"[238].

[238] Ramires, Maurício. Op. cit. p. 298.

A mesma lógica de Ramires pode ser aplicada ao direito e à justiça internacional, tal como ao diálogo judicial internacional no âmbito de aplicação dos órgãos de jurisdição internacional. O diálogo (horizontal) entre os tribunais regionais de direitos humanos demonstra que estão eles imbuídos do mesmo espírito de reconstrução dos princípios democráticos e do reconhecimento e consolidação dos princípios de direito mais estritamente vinculados aos direitos humanos e fundamentais.

O diálogo (horizontal) entre os tribunais demonstra ainda que a justiça internacional está definitivamente consolidada como um mecanismo de promoção e fiscalização dos direitos humanos em uma comunidade internacional cujos Estados e sociedades são hoje muito mais conscientes da importância de tais direitos e que reconhece um solo comum de proteção dos direitos e garantias fundamentais.

O diálogo (horizontal) entre os tribunais, ou a falta dele, comprova também que não basta apenas reconhecer a existência ou a proeminência dos direitos humanos, mesmo que tais direitos estejam amparados em uma Constituição ou em um tratado internacional, se não houver um consenso de aplicação das normas pelos órgãos julgadores, enquanto intérpretes do direito. Se um sistema regional, mediante a atuação de sua organização criadora, não é capaz de impor aos julgadores de seus órgãos judicantes os valores positivados em sua convenção, então estamos apenas diante de uma convenção nominal de direitos humanos.

Um exemplo bem claro nesse sentido, a nosso ver, é o caso da Corte Africana dos Direitos Humanos e dos Povos e a crítica já feita anteriormente, em relação aos critérios de admissibilidade dos casos levados ao tribunal. Os casos levados à corte por organizações não governamentais ou por indivíduos devem cumprir pelo menos 8 (oito) requisitos de admissibilidade (arts. 6º, 34º, n. 6 e 58 do Protocolo que criou a corte), sendo que um deles dispõe que apenas são admissíveis os casos sobre os quais o Estado contra o qual se direciona a denúncia tenha assinado uma declaração nos termos do que determina o artigo 5º, n. 3 do Protocolo do Tribunal, a qual por sua vez prevê a aceitação da competência da corte para processas as reclamações. Pelo que se tem notícia, apenas Burkina Faso, Gana, Mali, Malaui e Tanzânia já assinaram tal declaração desde o ano de 2004, quando o Protocolo do Tribunal entrou em vigor[239].

[239] http://www.achpr.org/pt/about/afchpr/. Consultado em 21 de novembro de 2017.

Vê-se que não parece haver um consenso minimamente formando no continente africano a respeito da jurisdicionalização dos direitos humanos e da relevância da justiça internacional, tal como ocorre nos continentes americano e europeu. Tampouco parece haver um consenso em relação ao conteúdo propriamente dito dos direitos humanos, motivo pelo qual o diálogo entre a corte africana e as demais cortes regionais é quase inexistente, pelo que se pode analisar da busca por citação de precedentes de um e outro tribunal.

Não obstante isso, estamos bem convictos de que o diálogo judicial internacional se impõe, em um primeiro momento, como um fator de hermenêutica na matéria dos direitos humanos e, em um segundo momento, como um fator de hermenêutica em matéria constitucional, dada a influência que o direito internacional pode exercer sobre o direito constitucional.

Veja-se que, nesse sentido, a hermenêutica não se trata de uma imposição de técnicas de julgamento, como se os órgãos judicantes fossem soberanos uns sobre os outros, ou sobre os tribunais nacionais, mas se trata de uma forma de compartilhar o valor deontológico dos princípios internacionalmente reconhecidos e voltados à proteção dos direitos humanos. E esse compartilhamento de princípios enquanto formação de uma hermenêutica aplicada à justiça internacional se justifica por algumas razões.

Em primeiro lugar, porque a hermenêutica nesse contexto serve como proteção e garantia contra a mera vontade, opinião pessoal ou discricionariedade de um determinado grupo de magistrados. Ora, já é mais do que sabido que os julgadores não podem se ater a questões pessoais, opiniões políticas ou a qualquer tipo de conveniência para a solução de um conflito. Tampouco é função do julgador a de agir como um legislador. Ou seja: não pode o julgador propor qualquer solução de controvérsias que não esteja amparada pela lei e/ou pelos princípios e menos ainda pode o julgador "propor uma lei" por meio da decisão por ele adotada.

Observa-se ainda que aqui não se trata apenas da necessidade de uma mera fundamentação das decisões judiciais. A simples fundamentação parece já não ser mais suficiente para a legitimação principiológica, porquanto ela pode omitir um entendimento arbitrário ou a parcialidade do julgador.

Nesse sentido, Maurício Ramires bem estabelece que *"o papel hermenêutico da tradição do constitucionalismo apresenta-se como um ônus às autoridades incumbidas de interpretar e aplicar uma determinada prática jurídico-política em seu âmbito de competência, localizá-la no contexto da prática de outras ordens constitucionais democráticas e justificá-la coerentemente"*[240].

Ora, referida colocação nos parece perfeitamente aplicável ao diálogo entre as cortes regionais de direitos humanos. O papel da hermenêutica que se extrai das técnicas de julgamento destes tribunais deve ser por eles encarado como um ônus, para que se reconheça o solo comum desses direitos tanto quanto for possível em todo o mundo e, mormente porque, como já tivemos a oportunidade de verificar anteriormente, os direitos humanos reconhecidos em tratados e convenções muitas vezes possuem um conteúdo mais genérico, razão pela qual a hermenêutica dentro do diálogo se mostra ainda mais relevante.

As cortes devem se preocupar com as peculiaridades de cada caso concreto, mas de modo que o direito também seja sempre preservado e observado. A hermenêutica também se impõe nesse contexto justamente porque se preocupa com a concretude dos casos, ao passo que respeita o direito e age como um mecanismo de contenção da vontade do legislador ou de qualquer possibilidade de arbitrariedade na interpretação da lei. E, por sua vez, o diálogo entre as cortes regionais de direitos humanos serve justamente para estabelecer essa hermenêutica, criando assim um ciclo capaz de afirmar princípios nesta matéria e tornar legítimas as decisões tomadas pelos tribunais internacionais, perante a comunidade política internacional e a sociedade, como um todo.

E veja-se ainda que esse diálogo somente é possível porque, de fato, são colocadas à discussão por esses tribunais situações parecidas ou muitas vezes idênticas, que demandam a solução concreta com base em uma norma que é de direitos humanos, seja na Europa, seja na América Latina. Se, portanto, os julgadores devem solucionar casos análogos, embora estejam em continentes diversos, mas que compartilham culturas minimamente semelhantes e tradições jurídicas não tão distantes, não há qualquer razão para que as jurisprudências não sejam conhecidas e estudadas. Forma-se, assim, um padrão de atuação, com base no

[240] RAMIRES, Maurício. Op. cit. p. 308.

direito posto em tratados e convenções internacionais, que não pode ser ignorado pelas cortes.

Nós ainda poderemos constatar no decorrer deste trabalho, por exemplo, que há de fato e na prática, uma grande importância da jurisprudência da CEDH sobre a CIDH e que a corte americana se utiliza da jurisprudência (e também da doutrina) europeia como ferramenta de persuasão. Tal fato se justifica, possivelmente, porque a corte europeia é mais velha e experiente, de modo que sua congênere americana busca se espelhar na concretude de sua atuação. De outro lado, a CEDH vem apenas mais recentemente se amparando na jurisprudência americana, o que demonstra, de toda a forma, que a CIDH é reconhecida como órgão de proteção dos direitos humanos, de modo que tal diálogo só tende a continuar e se aprofundar.

Também como poderemos observar, e como também destaca Maurício Ramires em relação ao diálogo vertical por ele analisado, cumpre não apenas aos julgadores, mas também às partes e demais interessados, provocar o diálogo entre as cortes, invocando precedentes e exigindo que a interpretação da lei no caso concreto se faça de forma legítima, justa e similar, estabelecendo assim também uma segurança jurídica, notadamente para as partes envolvidas.

De todo modo, uma posição até aqui podemos adotar: o diálogo judicial internacional, especialmente aquele mantido entre as cortes americana e europeia de direitos humanos, não é, por si só, suficiente para oferecer a solução para todos os casos complexos que lhe são colocados, sobretudo porque se trata da necessidade de observância dos direitos humanos, uma matéria tão importante e relevante para todos os indivíduos no mundo. Não obstante, o diálogo se coloca como uma enorme ferramenta de facilitação na resolução das controvérsias, possibilitando que os julgadores estejam mais confortáveis na tomada das decisões.

CAPÍTULO 4
O DIÁLOGO JUDICIAL HORIZONTAL REGIONAL ENTRE A CORTE INTERAMERICANA E A CORTE EUROPEIA DE DIREITOS HUMANOS

4.1. As características gerais da Corte Europeia de Direitos Humanos

Para além da doutrina mais autorizada, procuramos também abordar as informações da CEDH junto à sua própria organização, bem como a jurisprudência desenvolvida pela corte, a fim de melhor compreender os mais de 70 (setenta) anos de história daquele que representa, em nosso entendimento, o mais sólido sistema regional de proteção dos direitos humanos.

Tendo em vista as mais de 7 (sete) décadas de história, é evidente que muitos foram – e ainda continuam sendo – os elementos delineadores do sistema europeu. A corte nunca se eximiu da obrigação de encontrar novas formas de atuação diante dos novos problemas e das situações peculiares que surgem a todo o momento. Portanto, nos parece imprescindível identificar os elementos históricos de conformação da corte, a partir dos direitos protegidos pela Convenção, e enquanto representante da justiça internacional, como órgão de proteção dos direitos humanos.

O sistema europeu de direitos humanos nasceu em Roma, em 1950, com a elaboração da Convenção para a Proteção dos Direitos do Homem e das Liberdades Fundamentais, que entrou em vigor no ano de

1953 com sua ratificação por 8 (oito) Estados, sendo, portanto, o primeiro tratado multilateral concluído no âmbito do Conselho da Europa[241]. Veja-se que o contexto histórico e político de criação do sistema europeu de proteção regional dos direitos humanos é o do período pós-guerra, e logo após a criação do próprio Conselho da Europa, em 1949[242]. Por óbvio, os signatários da Convenção Europeia dos Direitos Humanos seriam, necessariamente, os membros do Conselho da Europa.

É interessante notar que a Convenção faz em seu preâmbulo uma associação importante entre a liberdade e a democracia, afirmando que não é possível assegurar a paz sem que coexistam os regimes democráticos e o respeito aos direitos humanos, de modo que os Estados membros estão, assim, unidos por valores morais que são as raízes dos princípios das liberdades individuais, da liberdade política, do respeito ao direito e da própria democracia.

Naquele momento da história, a criação do Conselho da Europa, e posteriormente da Convenção Europeia de Direitos Humanos, caracterizou uma inovação revolucionária no direito internacional, porquanto representou a criação de um sistema de tutela coletiva de direitos para além das fronteiras de um determinado Estado nacional, e mais do que isso, representou um verdadeiro sistema de garantias, já que os Estados signatários haviam se comprometido a observar os direitos previstos na Convenção, em relação a todos os indivíduos subordinados à sua jurisdição (inclusive os indivíduos não nacionais)[243].

Como bem destaca a doutrina, "*a Convenção estabelece um sistema baseado na concepção de garantias coletivas fundadas em consenso sobre standards de direitos humanos acolhidos por Estados-partes. É fundamental para o sistema a noção de que comunidade de Estados tem o direito de supervisionar a proteção*

[241] Bicudo, Hélio. ***Defesa dos direitos humanos: sistemas regionais.*** Artigo publicado para a Scielo, Estudos Avançados, Vol. 17, ano 47, São Paulo, jan/abr. 2013. http://www.scielo.br/scielo.php?script=sci_arttext&pid=S0103-40142003000100014.

[242] Uma leitura bastante interessante sobre a evolução histórica do sistema europeu pode ser encontrada no livro de Ed Bates, ***The Evolution of the European Convention on Human Rights,*** publicada pela Editora da Universidade de Oxford, em 2010.

[243] Pastor Ridruejo, J.A., ***El processo de internacionalización de lós derechos humanos: El fin del mito de la soberania nacional. Plano univresal: la obra de las Naciones Uniudas.*** **In:** Consolidacíon de derechos y garantias: lós grandes retos de lós derechos humanos em el siglo XXI, Consejo General del Pode Judicial, Madrid, 1999. p. 49.

dos direitos humanos no âmbito da jurisdição de um Estado-parte. Em outras palavras, os Estados estão preparados para aceitar a competência de um Tribunal internacional para examinar questões atinentes ao seu próprio direito interno e práticas internas, porque eles se comprometeram, em resposta aos horrores e às atrocidades da Segunda Guerra Mundial, a observar os parâmetros protetivos mínimos de direitos humanos no continente europeu"[244].

Por outro lado, o elenco inicial de direitos protegidos pela Convenção Europeia é significativamente menor do que aquele previsto na Declaração Universal dos Direitos Humanos. Não obstante isso, vários foram os protocolos adicionais ao longo do tempo no sentido de alargar os direitos a serem protegidos (direitos como o de propriedade e eleições livres, por exemplo, foram previstos apenas em protocolos adicionais e não na redação original da Convenção).

Dentre os órgãos criados no intuito de fiscalizar o cumprimento das obrigações assumidas pelos Estados signatários está justamente a Corte Europeia de Direitos Humanos, o órgão de característica jurisdicional, com o qual os Estados estão comprometidos no sentido de aceitar e respeitar as sentenças proferidas, conforme redação do art. 46, n. 1[245], mas que se formou apenas em 1959, tendo julgado seu primeiro caso no ano de 1960[246].

Em realidade, a Corte Europeia de Direitos Humanos, em seu caráter permanente e na configuração que hoje conhecemos, nasceu apenas em 1998 com o Protocolo 11 da Convenção, cujo objetivo foi substituir a Comissão e a Corte Europeia (estabelecidas pelas cláusulas facultativas do art. 25º, que conferia aos indivíduos o direito de petição perante a Comissão Europeia de Direitos Humanos e o art. 46º, que atribuía à Corte Europeia de Direitos Humanos a competência de órgão jurisdicional).

Enquanto órgão jurisdicional, a corte foi dotada de todas as características necessárias, como independência e imparcialidade e a força vinculativa de suas sentenças. Essas características foram apenas reforçadas

[244] HARRIS, David.; O'BOYLE, Michael., WARBRICK, Chris. ***Law of the European Convention on Human Rights,*** London-Dublin-Edinburgh, Butterwoths, 1995. p. 28.

[245] **Art. 46, n. 1**: *"Força vinculativa e execução das sentenças. As Altas Partes Contratantes obrigam-se a respeitar as sentenças definitivas do Tribunal nos litígios em que forem partes"*.

[246] Trata-se do caso *Lawless c. Irlanda,* cuja sentença foi proferida em novembro de 1960.

e melhor implementadas ao longo das décadas seguintes, sempre com o objetivo de destacar o caráter de órgão jurisdicional dentro de um sistema regional de proteção dos direitos humanos.

Depois de contínuas reformas, atualmente a composição da corte europeia se dá por meio de eleição em Assembleia Parlamentar do Conselho da Europa para um mandato com duração de nove anos, sendo que para a eleição é elaborada uma lista tríplice apresentada pelo governo de cada Estado-membro e, ao final, é eleito um juiz a título de cada membro do Conselho, mas independente de seu Estado[247].

Queremos ainda destacar outras duas questões relacionadas à Corte Europeia de Direitos Humanos: o processo no tribunal e a força vinculativa das sentenças.

Processo/procedimento. Em relação ao processo, ou procedimento, suas regras estão dispostas principalmente nos 112 artigos *Rules of Court*[248], já que a Convenção possui poucas disposições a respeito do funcionamento do tribunal, mas autorizou ao próprio Tribunal a elaboração de regras complementares (art. 26º, da Convenção). Luis Lópes Guerra, que já foi juiz da corte europeia, destaca que as regras procedimentais da corte se aproximam mais do *common law,* já que são regras pouco extensas se comparadas às normas processuais dos sistemas do *civil law*[249].

Em 1998 houve uma alteração substancial nas regras processuais da corte europeia, através da Convenção pelo já mencionado Protocolo 11, com o alargamento da legitimidade ativa, que passou a ser não mais apenas dos Estados-membros, mas também de indivíduos e organizações não governamentais sujeitas à jurisdição da corte. A legitimidade passiva continuou sendo exclusivamente dos Estados-membros, não havendo possibilidade de demandas contra particulares. A jurisdição da corte agora está prevista em uma cláusula obrigatória e com aplicação automática.

[247] É possível verificar as regras para admissão e demissão dos juízes na Resolução da Assembleia Parlamentar e nas Diretrizes do Comitê de Ministros sobre a seção de candidatos a juiz do Tribunal Europeu de Direitos Humanos.

[248] https://www.echr.coe.int/Documents/Rules_Court_ENG.pdf. Consultado em abril de 2018.

[249] GUERRA, Luis Lópes. GALINDO, George Rodrigo Bandeira; URUÉNA, René; PÉRES, Ainda Torres (coord.). ***Proteção multinível dos Direitos Humanos Manual,*** dhes. Rede Direitos Humanos e Educação Superior, Universitat Pompeu Fabra, 2014. p. 186.

Além disso, outra alteração substancial promovida pelo protocolo 14, de 2010, foi o encerramento da Comissão Europeia de Direitos Humanos, que servia como uma espécie de filtro das petições individuais. Não obstante, há requisitos para admissibilidade das petições individuais que estão previstos no artigo 35, da Convenção.

Apesar dos avanços trazidos pelos Protocolos 11 e 14, é certo que os desafios impostos à corte europeia apenas aumentaram, já que houve um crescimento relevante do número de demandas submetidas ao tribunal. Basta verificar que entre as décadas de 1960 a 1980 foram proferidas cerca de 200 sentenças, ao passo que somente na década de 1990 foram proferidas mais de 800 decisões[250].

Como reforça Giovanni Bonello, a corte europeia é *vítima* de seu próprio sucesso, tendo recursos e estrutura escassa para atender ao volume de demandas que lhe são submetidas, mormente porque mais de 800 milhões de pessoas têm acesso ao tribunal[251].

O tribunal só pode ser solicitado a analisar e julgar uma causa se já houver se esgotado todas as vias internas de recursos dentro do Estado (art. 35º, n. 1); o tribunal não poderá conhecer petições individuais se ela for anônima ou se for idêntica a qualquer outra já analisada pelo tribunal europeu ou por outro tribunal internacional (art. 35º, n. 2, alíneas *a* e *b*); o tribunal deverá declarar a inadmissibilidade da petição individual ser ela for incompatível com a Convenção ou seus protocolos ou se o autor não sofreu prejuízo significativo, salvo se o assunto exigir uma apreciação a fundo e desde que não se rejeite questão que não tenha sido devidamente apreciada pelo tribunal interno (art. 35º, n. 3, alíneas *a* e *b*).

Guillem Cano Palomares, em artigo escrito para a Revista Española de Derecho Europeu[252], destaca que o artigo 35º, n. 3, *b*, reflete o princípio do *minimis non curat praetor*, ou seja, o princípio da insignificância.

[250] *Report on the Evaluation Group to the Commitee of Ministers on the European Court of Human Rights*, 2001.

[251] BONELLO, Giovnni. ***The European Court on Human Rights***, **In:** ***The essential of human rights***, SMITH, Rhona K. M. e VAN DEN ANKER, Christien (coord.), Ofxord: Oxford University Press, 2003. p. 117.

[252] PALOMARES, Guillem Cano, ***La existencia de un perjuicio importante como nueva condición de admisibilidad tras la entrada en vigor del protocolo núm. 14 al CEDH***, Revista Española de Derecho Europeo, n. 42, 2012. p. 49.

Quer dizer com isso que ao tribunal europeu não cabe apreciar e julgar causas de "delitos insignificantes", ou que o tribunal precisa se ver livre das "bagatelas". Palomares destaca ainda que as primeiras decisões do tribunal nesse sentido, e em relação às demais condições impostas pelo artigo 35º, n.3, estão nos casos *Ionescu vs. Romenia* e *Korolev vs. Russia,* ambos julgados em 2010.

Cumpre esclarecer que o juiz indicado por um determinado Estado-membro não pode analisar a admissibilidade de demanda voltada contra o Estado que o indicou. Além disso, a inadmissibilidade de uma demanda também pode ser reconhecida por um Comitê de três membros ou por uma seção de sete.

Na hipótese de que as demandas sejam manifestamente inadmissíveis, o Estado a quem se volta a ação é comunicado, podendo apresentar considerações iniciais sobre o pedido, e sobre os quais a parte demandante poderá se manifestar, neste momento já sendo obrigatória a assistência judiciária. Este procedimento nada mais é do que uma audiência pública, que não obstante previsão expressa, ocorre em poucos casos (arts. 29º, 30º e 40º da Convenção).

Após as alegações das partes, pode haver um acordo amigável, e, caso contrário, o Tribunal deverá manifestar-se pela admissibilidade ou não da demanda. Sendo admissível a demanda, o Tribunal passará a analisar o mérito da causa, cujo resultado será, em todo caso, declarado por meio de sentença. Vale ressaltar que a sentença de mérito geralmente é proferida por uma Seção de sete juízes, mas pode ocorrer de também ser proferida pelo Comitê dos três juízes nas hipóteses em que a causa versar sobre matéria já consolidada pela jurisprudência da corte (arts. 39º e 42º a 44º, da Convenção).

No que diz respeito às decisões proferidas pelo tribunal, podemos distinguir aquelas que são proferidas pelo Comitê dos três juízes, que são definitivas e não admitem recurso, sendo elas decisões de admissibilidade das demandas ou sentenças. De outro lado, a sentenças proferidas pela Seção se tornam definitivas dentro do prazo de 3 (três) meses, caso nenhuma das partes peça a remissão do caso ao Tribunal Pleno (arts. 43º e 44º, da Convenção).

Força vinculativa das sentenças. O outro ponto que nos parece relevante e queremos aqui destacar diz respeito à força vinculativa das sentenças, cujas disposições estão previstas no art. 46º, da Convenção.

Em primeiro lugar, há de se ressaltar que como todo órgão jurisdicional, o caráter das decisões finais proferidas pela corte europeia é definitivo e, por assim ser, não comporta revogação ou revisão por outras instâncias e órgãos jurisdicionais.

Assim é que o artigo 46º da Convenção determina que todos os Estados signatários têm a obrigação de respeitar as decisões proferidas pela corte, reconhecendo assim sua força vinculativa. Por outro lado, apesar de estabelecer a força vinculativa das decisões, a Convenção não estabelece as formas de cumprimento das decisões, ou seja, a execução das sentenças, apenas dispondo que cabe aos Estados decidir a forma concreta pela qual a execução da sentença ocorrerá dentro do ordenamento jurídico interno.

Tal fato está diretamente relacionado com a característica da corte europeia, uma vez que suas sentenças possuem efeito declaratório. Em outras palavras, a corte europeia não serve de corte revisora ou de cassação das sentenças eventualmente proferidas pelas cortes constitucionais de cada Estado signatário. De tal forma que, mediante a supervisão do Comitê de Ministros do Conselho da Europa, caberá aos Estados adotar as decisões proferidas pela corte europeia, tomando todas as medidas que se fizerem necessárias por meio de seu próprio ordenamento jurídico.

Nesse contexto, já podemos definir que é de extrema relevância a função exercida pelo Comitê de Ministros[253], já que é justamente seu trabalho que poderá garantir o cumprimento das decisões proferidas pela corte.

Apesar de a regra do tribunal ser o caráter declarativo de suas sentenças, ainda assim encontramos algumas exceções a esta regra. Isto ocorre porque nem sempre é possível reconstruir ou construir uma solução à determinada violação por meio de uma alteração no ordenamento jurídico interno do Estado violador, de modo que, nestes casos, a própria corte europeia pode estabelecer uma compensação econômica, que obedecerá a critérios pré-definidos[254].

[253] O Comitê de Ministros conta com seu próprio regulamento: *Regulamento para supervisão e execução de sentenças e acordos amistosos*, elaborado em maio de 2006. Cumpre ao Comitê de Ministros não apenas fiscalizar a execução das sentenças, mas também esclarecê-las, submetendo eventuais questões duvidosas à corte. Igualmente, o Comitê pode submeter à corte a verificação de cumprimento das decisões nos exatos termos da sentença proferida.

[254] GUERRA, Luis Lópes Galindo. Op. cit. p. 192.

Luis Lópes Guerra destaca que exceções à regra como a citada são, na verdade, efeito da evolução da jurisprudência, que ao longo dos anos interpretou o efeito declaratório das sentenças de maneira mais extensiva, ou seja, de certa forma até alargando a competência que lhe foi previamente definida. A nosso ver, a atuação da jurisprudência nesse sentido torna mais efetiva a tutela dos direitos protegidos pela Convenção Europeia, muito embora, ainda pareça haver uma falta de critério quanto às hipóteses em que os danos devem ser compensados ou como podem ser mensurados.

De toda a forma, e justamente por esta razão, é de suma importância que a análise dos casos submetidos à corte seja sempre feita de forma dinâmica, respeitando-se, obviamente, as normas já postas.

Sobre a forma de execução das sentenças, veja-se, por exemplo, o caso *Papamichalopoulos vs. Grécia,* no qual a corte europeia entendeu que, sendo reconhecida a violação à Convenção Europeia de Direitos Humanos, cumpre ao Estado adotar as medidas necessárias para findar a violação e garantir que ela não se repita, bem como adotar uma reparação adequada à situação analisada. Nos termos da sentença proferida, "*os Estados-partes são, em princípio, livres para escolher os meios pelos quais deverão cumprir a decisão da Corte que estabelecer que houve violação ao direito enunciado na Convenção*"[255].

Para Anthony Bradley, os Estados têm em geral, e apesar de sua soberania, respeitado as decisões da corte europeia, alterando legislações, reformando procedimentos das polícias locais, regras das instituições penais, regras das relações laborais, e dos processos judiciais, por exemplo, bem como compensando as vítimas pelos danos sofridos[256].

Um estudo relatório elaborado no ano de 2010 a respeito da jurisprudência da corte europeia destacou pontos muito interessantes em relação às violações que são objeto das demandas levadas à apreciação do tribunal. Entre os anos de 1960 a 2009, por exemplo, 28,07% dos casos

[255] *Papamichalopoulos vs. Grécia,* Series A, N. 330-B (1996), Julgado em 31 de outubro de 1995.

[256] BRADLEY, Anthony., KAY, Richard., JANIS, Mark. ***European human rights law – texts and materials,*** 2ª ed. Oxford: Oxford University Press, 2000. p. 15. Alguns exemplos de importantes alterações normativas baseadas nas decisões proferidas pela corte europeia são dos seguintes casos: *Silver e outros vs. United Kingdom,* em matéria de correspondências de presidiários e *Dudgeon vs. United Kingdom,* em matéria de descriminalização da prática consensual homossexual na Irlanda do Norte..

julgados têm como objeto o direito ao julgamento em prazo razoável; 21,49% das demandas se referem ao direito de julgamento justo; 14,44% das demandas se referem ao direito de propriedade; 10,5% das demandas se referem aos direitos à liberdade e segurança e 7,86% dos casos se referem a direito a remédios. Os demais temas ocupam os 16% dos casos remanescentes[257].

Flávia Piovesan destaca ainda que após a inclusão dos países do Leste europeu no sistema europeu de proteção dos direitos humanos, e graças à uma agenda própria de violações, tem se verificado uma abertura da corte europeia à jurisprudência da corte interamericana, notadamente em relação às violações relacionadas com as práticas cometidas por regimes autoritários, como tortura e desaparecimento forçado[258].

4.2. As características gerais da Corte Interamericana de Direitos Humanos

Assim como procedemos na breve análise do sistema europeu de direitos humanos, se faz necessário analisar o contexto histórico de formação do sistema interamericano de proteção dos direitos humanos e as peculiaridades da região em que ele se insere. De forma muito mais intensa do que ocorre na Europa, a América Latina sofre com uma ampla desigualdade social e violência, sendo que vários de seus Estados nacionais ainda vivem um período de consolidação da democracia após fortes períodos de regimes autoritários ou ditatoriais.

Nesse contexto, dois fatos históricos são marcantes para o sistema interamericano de proteção dos direitos humanos: os regimes ditatoriais e a transição para os regimes democráticos após o fim dos regimes militares em países como Argentina, Brasil Chile e Uruguai.

A Convenção Americana de Direitos Humanos entrou em vigor justamente no ano de 1978, quando diversos países da América Central e do Sul ainda viviam sob ditaduras. Tanto isso é verdade que Thomas Burgenthal salienta que dos 11 (onze) Estados que ratificaram a Convenção à época, menos da metade era governado por governantes eleitos

[257] *The ECHR in 50 questions, European Couto f Human Rights,* Council of Europe, December 2010. https://www.echr.coe.int.

[258] PIOVESAN, Flávia. ***Direitos Humanos e Justiça Internacional,*** 6ª ed. revista, ampliada e atualizada, São Paulo: Editora Saraiva, 2015. p. 131.

democraticamente, ao passo que a outra metade apenas havia aderido à Convenção por questões políticas[259].

Muito embora tenha entrado em vigor apenas no ano de 1978, a Convenção Americana de Direitos Humanos, também conhecida como Pacto de São José da Costa Rica, foi assinada no ano de 1969.

Assim como se deu na Europa, onde apenas os Estados-membros do Conselho da Europa poderiam aderir à Convenção Europeia, somente os Estados-membros da Organização dos Estados Americanos – OEA[260], podem ratificar a Convenção Americana, que até o momento conta com 24 (vinte e quatro) Estados-membros.

O preâmbulo da Convenção Americana demonstra que seu espírito é o de consolidar as instituições democráticas através da garantia da liberdade pessoal, da justiça social e dos direitos humanos previstos na Declaração Universal dos Direitos Humanos, na Declaração Americana de Direitos Humanos e nos princípios estabelecidos na carta de formação da OEA.

Em linhas muito gerais, os direitos humanos abrangidos pela Convenção Americana são muito similares aos direitos previstos no Pacto Internacional dos Direitos Civis e Políticos, seguindo o exemplo da Convenção Europeia. Ainda que não tenha se pronunciado diretamente sobre os direitos sociais, culturais e econômicos, a Convenção Americana determinou que os Estados alcançassem de maneira progressiva a efetivação de tais direitos, tomando todas as medidas que fossem necessárias nesse sentido. Foi somente com o Protocolo Adicional à Convenção, que entrou em vigor no ano de 1999, que os direitos sociais, culturais e econômicos passaram a ser previstos.

De toda a forma, os Estados-membros da OEA e partes da Convenção Americana devem, obrigatoriamente, respeitar os direitos previstos na Convenção, bem como adotar todas as medidas necessárias, seja de

[259] Burgental, Thomas. Prefácio escrito para a obra ***The practice and procedure of the Inter-American Court on Human Rights,*** de autoria de Jo M. Pasqualucci, Cambridge: Cambridge University Press, 2003. p. XV.

[260] A Carta da Organização dos Estados Americanos foi adotada em Bogotá, Colômbia, em 1948, durante a 9ª Conferência Pan-Americana. Na mesma oportunidade foi adotada a Declaração Universal dos Direitos Humanos, que embora não tenha sido aprovada como convenção, foi um importante instrumento para o posterior surgimento dos mecanismos de proteção dos direitos humanos na América Central e do Sul.

natureza legislativa, seja de qualquer outra natureza, para promover e efetivar os direitos humanos estabelecidos pela Convenção. Trata-se de obrigações negativas e positivas, ou seja, não apenas respeitar os direitos, como dito, mas assegurar seu pleno cumprimento e exercício dentro de cada Estado[261].

Assim como o sistema europeu, a Convenção Americana tem seus próprios mecanismos de fiscalização e implementação dos direitos nela previstos (arts. 1 e 2).

Enquanto a primeira parte da Convenção se dedica aos direitos protegidos e às obrigações dos Estados, a segunda parte se direciona aos meios de proteção, elencando os órgãos competentes, como a Comissão Interamericana de Direitos Humanos e a Corte Interamericana de Direitos Humanos.

Ainda no âmbito do sistema interamericano, foram elaborados outros instrumentos em matéria de direitos humanos, como a Convenção Interamericana para Prevenção e Punição da Tortura, o Protocolo à Convenção Americana sobre Direitos Humanos relativo à abolição da pena de morte, a Convenção Interamericana sobre o desaparecimento forçado de pessoas e a Convenção Interamericana para eliminação de todas as formas de discriminação contra as pessoas com deficiência.

No que diz respeito aos órgãos do sistema interamericano, a Comissão tem como objetivo a promoção e a observância dos direitos humanos enquanto órgão consultivo da OEA, ao passo que a Corte é o órgão jurisdicional e como tal, responsável pela aplicação e interpretação da Convenção. Dentro da estrutura do sistema interamericano, a Comissão e a Corte são órgãos complementares, de modo que primeiro deve ser esgotada a competência da Comissão para que então a Corte possa fazer um julgamento da matéria a ela submetida.

Uma vez que o intuito da presente obra é a estudar a jurisdição internacional à luz de uma análise do diálogo judicial entre as cortes, não nos ocuparemos em dissecar as características e regras procedimentais da Comissão. A Corte Interamericana, como já mencionado, é o órgão jurisdicional do sistema interamericano de direitos humanos, cujas funções se iniciaram no ano de 1978, embora tenha sido criada em 1969, e

[261] Piovesan, Flávia. Op. cit. p. 141.

possuindo o seu próprio estatuto, assim como determinado pela Convenção (art. 60).

Como parece óbvio, à Corte compete julgar apenas e tão somente as demandas que envolvam Estados-partes da Convenção que tenham ratificado a jurisdição da CIDH. Ainda, a Corte é formada por sete juízes, nacionais dos Estados-membros da OEA (art. 52, da Convenção), que deverão conhecer os casos individuais ou interestaduais que envolvam violação de direitos previstos na Convenção, bem como poderão conceder pareceres com opiniões consultivas caso solicitados pelos Estados-membros.

Conforme dispõem os artigos 52 a 54, da Convenção, os Estados-membros devem apresentar uma lista de até 3 (três) candidatos da mais alta moral, com reconhecida competência no assunto dos direitos humanos, que serão eleitos em votação secreta e pelo voto da maioria absoluta dos Estados-partes da Convenção, para um mandato de 6 (seis) anos, podendo ser reeleitos apenas uma vez.

Somente depois de se esgotar o procedimento perante a Comissão é que a Corte poderá conhecer dos casos individuais. Sendo possível a análise da demanda, a Corte deverá julgar se o Estado é responsável pela alegada violação dos direitos previstos na Convenção. Além de julgar os casos individuais, a Corte também tem como função responder às consultas formuladas pelos Estados-membros a respeito da interpretação das disposições previstas na Convenção. Um exemplo de opinião consultiva muito relevante foi a OC n. 3 de 1982, elaborada pela Corte a respeito da impossibilidade de continuidade da pena de morte diante da vigência da Convenção.

Felipe Arias Ospina e Juliana Galindo Villarreal destacam a relevância do trabalho interpretativo da Corte nas questões que envolvem opiniões consultivas – embora não seja esta a função primordial da Corte – essencialmente no que diz respeito ao direito interno e ao Direito Internacional dos Direitos Humanos, bem como à natureza das obrigações assumidas pelos Estados-partes da Convenção[262].

[262] Ospina, Felipe Arias., Villarreal, Juliana Galindo. Galindo, George Rodrigo Bandeira; Uruéna, René; Péres, Ainda Torres (coord.). ***Proteção multinível dos Direitos Humanos Manual,*** dhes. Rede Direitos Humanos e Educação Superior, Universitat Pompeu Fabra, 2014. p. 186.

Não obstante a relevância do trabalho consultivo, nos parece que a função preponderante da Corte é precisamente a de processamento e julgamento das petições individuais. Até mesmo porque, é somente por meio do julgamento das demandas que se torna possível a responsabilização internacional dos Estados no que tange às violações de direitos humanos por eles cometidas.

A premissa básica para análise e julgamento das demandas submetidas à Corte reside no princípio da complementariedade, ou seja, a Corte Interamericana somente pode trabalhar se for ineficaz o sistema interno de justiça dos Estados.

Assim, a primeira parte do processamento das petições individuais se dá perante a Comissão, a quem compete analisar previamente o caso e, inclusive, fazer recomendações e orientações ao Estado infrator (art. 44, da Convenção). Em uma segunda fase, não tendo sido suprimidas as violações ou respeitadas as recomendações da Comissão, a Corte passará a analisar a questão. Ou seja: não existe nenhuma hipótese o indivíduo leva à Corte uma petição individual sem que esta tenha sido previamente analisada pela Comissão.

Deve-se ressaltar que, assim como ocorre no sistema europeu, qualquer indivíduo, grupo de indivíduos ou organização não governamental podem apresentar petições individuais à Comissão. O artigo 28, da Convenção, estabelece os requisitos necessários à admissibilidade da petição, sendo que a petição deverá ser aditada se a Comissão assim entender necessário. Iniciando o procedimento de elegibilidade da petição, a Comissão deverá transmitir a denúncia ao Estado alegadamente infrator, cujo prazo de resposta será de 2 (dois) meses.

Recebida a resposta do Estado, mas antes de analisar admissibilidade da petição, a Comissão poderá abrir prazo para que as partes apresentem alegações complementares ou preliminares e não conhecimento, por parte do Estado, por exemplo. Cumpridos estes prazos, cumprirá à Comissão proceder, finalmente, à admissibilidade ou não da petição, ou seja, se a Comissão é competente, se os requisitos formais da petição foram obedecidos, se há uma potencial violação de direito colocada em discussão. Trata-se de uma análise preliminar que não se insere no mérito da discussão. Nesse contexto, a Convenção prevê uma fase de análise sumária e outra de opinião sobre o mérito.

Uma vez sendo elegível a petição, passa-se à análise do mérito, quando a Comissão dará nova oportunidade para manifestação das partes, podendo estabelecer inclusive outros métodos de verificação dos fatos, como a convocação de uma audiência pública ou diligências *in loco*, por exemplo (arts. 37 e 38, da Convenção). Havendo apuração no relatório final de que houve violação a um direito previsto na Convenção (art. 50, da Convenção), será aberto prazo para que o Estado tome as medidas necessárias a fim de a infração ou obedecer às recomendações.

Somente na hipótese em que o Estado se quedar inerte é que a Comissão remeterá o caso à Corte, que deverá julgar se o Estado é intencionalmente responsável pela alegada violação de direito previsto na Convenção e, assim sendo, ordenará os reparos necessários.

Como ressaltam Felipe Ospina e Juliana Villarreal, à Corte também compete analisar a competência, que é dividida em 4 (quatro) critérios, a saber, competência *ratione personae*, competência *ratione materiae*, competência *ratione temporis* e competência *ratione loci*. Em relação à pessoa, é preciso verificar se o demandante tem capacidade processual e se o Estado demandado aceitou a competência da Corte; a competência em relação à matéria exige que o assunto submetido à Corte esteja relacionado com algum direito previsto na Convenção ou nos demais instrumentos emitidos no âmbito do sistema interamericano; a competência em relação ao tempo pode limitar a atuação da Corte, já que esta só pode julgar os casos cujas violações de direito tenham sido cometidas após a data em que o Estado demandado aceitou a jurisdição da Corte; a competência em razão do local diz respeito à possibilidade de análise das violações que tenham sido cometidas exclusivamente no território do Estado demandado[263].

Na fase de análise da demanda pela Corte, também podem ser apresentadas defesa e exceções, desde que as exceções também tenham sido apresentadas à Comissão. Após isto, é aberta a fase de procedimento oral, com audiência de alegações, quando são ouvidos os representantes das vítimas e o Estado, bem como apresentadas as provas, com a ressalva aqui de que no sistema interamericano há uma ampla liberdade probatória, não havendo um padrão previamente determinado nesse sentido.

[263] Ospina, Felipe Arias., Villarreal, Juliana Galindo. Op. cit. p. 170.

Encerrada a fase oral, o demandante pode pedir a rescisão antecipada do processo ou, caso isto não ocorra, deverá ser proferida a sentença, que por sua vez será definitiva e irrecorrível. Nesse contexto, vale esclarecer que os Estados já se comprometeram a cumprir e executar a sentença, podendo apenas e tão somente pedir que a Corte esclareça alguma questão dificultosa a respeito da forma de cumprimento ou do alcance da decisão.

Ao contrário do que ocorre no sistema europeu, a Convenção Americana já prevê diretamente e expressamente em seu art. 63, n.1, a possibilidade de reparações e indenizações que forem apropriadas ao ilícito cometido pelo Estado demandado, sendo elas de ordem material ou moral. Além das indenizações propriamente ditas, a Corte pode estabelecer medidas de reabilitação e garantias de não repetição. Como exemplo, a Corte já decidiu que a obrigação de investigar, processar e punir o responsável direto por uma determinada violação de direitos humanos é uma forma de reparação, o que ocorreu por ocasião do julgamento do caso *Maritza Urrutia vs. Guatemala,* julgado em 27 de novembro de 2003.

É preciso ressaltar mais uma vez que as considerações feitas a respeito das cortes europeia e americana são apenas menções às características gerais, na medida em que esta obra não se propôs a analisar de forma profunda a forma de atuação de cada um destes órgãos jurisdicionais de direitos humanos. Contudo, podemos afirmar desde já que ambas têm adotado medidas inovadoras, contribuindo assim para a promoção, prevenção e proteção dos direitos humanos na Europa e na América.

4.3. O diálogo propriamente dito

Inicialmente, é preciso esclarecer a metodologia através qual a análise do diálogo foi construída. Em primeiro lugar, esclarecemos que, para efeitos da Corte Europeia consideramos as decisões até aqui proferidas pelo Tribunal Pleno, sentenças ou decisões de admissibilidade, e todas as divisões do Tribunal, incluindo a antiga Comissão; para efeitos da Corte Interamericana consideramos as decisões e opiniões consultivas da Corte, sem adentrar ao mérito das decisões proferidas pela Comissão.

Com isso, buscamos primeiro identificar as referências, ou seja, o número aproximado de vezes em que uma corte menciona a outra. Constatamos que a Corte Interamericana faz muito mais referências à Corte Europeia (mais de 165 referências, em termos gerais), ao passo que a Corte Europeia se refere à sua congênere em um número menor de vezes – pouco mais de 60 referências. Todas essas referências foram facilmente constatadas por meio do buscador de jurisprudências de cada um dos tribunais.

Depois de buscarmos as referências de forma geral, adotamos alguns dos pontos da metodologia de catalogação de jurisprudências utilizada pela DHES para elaboração do Relatório de Proteção Multinível dos Direitos Humanos. Com base nas indagações a seguir descritas é que conseguimos identificar as matérias a serem comparadas na análise do diálogo judicial internacional e as técnicas de julgamento das cortes europeia e interamericana: I) que parte da relação processual invoca a jurisprudência da corte congênere? e II) de que maneira a jurisprudência da corte congênere é utilizada nas decisões, sentenças e pareceres?

Após a análise dos casos concretos, pudemos extrair diversas conclusões que serão abordadas em um item específico e conclusivo, mas que já podemos adiantar que são conclusões que esclarecem as nuances do diálogo entre as cortes aqui analisadas, seja em relação ao direito material, seja em relação ao próprio procedimento, cujas regras de uma corte muitas vezes são invocadas por sua congênere.

Dito isto, passaremos à análise dos casos concretos de análise comparada, para a qual identificamos 5 (cinco) blocos de matérias: I) liberdade de expressão; II) *due process of law;* III) desaparecimento forçado de pessoa; IV) obrigações positivas e responsabilidade dos Estados e V) proibição de discriminação por orientação sexual.

Liberdade de expressão: O direito à liberdade de expressão está previsto tanto na Convenção Europeia (art. 10º), como na Convenção Americana (art. 13). A jurisprudência interamericana confere ao artigo 13 de sua Convenção uma característica mais geral e extensiva, se comparada à interpretação conferida pela jurisprudência europeia ao artigo 10º de sua Convenção.

Para a Corte interamericana, o direito à liberdade de expressão tem uma dimensão coletiva e uma dimensão individual, que são independentes entre si, mas que devem ser igualmente e simultaneamente respeitadas. Na dimensão coletiva, a liberdade de expressão está relacionada com todo o tipo de troca de informação e comunicação em massa, incluído aqui, por óbvio o direito de acesso à informação[264]. Na dimensão individual, a liberdade de expressão está relacionada com toda a forma de comunicação, falada ou escrita.

Em relação à utilização de precedentes da corte europeia, pudemos notar que os casos julgados no início da década de 2000 fizeram mais menções do que os casos julgados recentemente. Analisando o mérito de alguns destes casos, concluímos que a corte interamericana internalizou o entendimento da corte europeia, de modo que suas fundamentações já partem exatamente do pressuposto da interpretação europeia, nos revelando um caso de que o diálogo não só existiu, como produziu frutos permanentes.

Assim é que observamos 6 (seis) referências a julgados europeus no que diz ao direito material propriamente dito e não em relação a questões procedimentais. Observamos que todas as menções feitas em relação à corte europeia foram utilizadas para conferir legitimidade à atuação da Corte interamericana nesta matéria e para afirmar, por exemplo, que as restrições possíveis aos direitos humanos são somente aquelas que intencionam proteger outros direitos humanos e que as opiniões dos indivíduos não podem ser submetidas a uma análise de veracidade. Eis trecho da sentença do caso *Usón Ramirez vs. Venezuela:*

> *"Asimismo, el Tribunal observa que la Convención no establece que las únicas restricciones a derechos individuales que pueden ser legítimas son aquellas que pretenden proteger otros derechos individuales. Por el contrario, la Convención también contempla que sean legítimas aquellas restricciones que tengan como finalidad otros motivos no relacionados con el ejercicio de derechos individuales reconocidos en la Convención.*
>
> *La Corte Europea de Derechos Humanos ha tenido oportunidad de pronunciar-se sobre este tema y ha considerado que la protección del derecho a la reputación de compañías, no sólo de individuos, puede ser un fin legítimo para restringir el derecho a la libertad de expresión. En el caso Steel and Morris v. the United King-*

[264] A primeira vez em que o direito de acesso à informação foi encarado como uma forma de liberdade de pensamento e expressão foi por ocasião do julgamento do caso Clause Reyes vs. Chile, quando a CIDH considerou que as informações políticas manipuladas pelo governo de um país podem caracterizar restrição ao acesso à informação, representando assim violação ao direito à liberdade de pensamento e de expressão. *Corte Interamericana de Direitos Humanos, Caso Clause Reyes e outros vs. Chile, J. 19.9.06, Série C, n. 151.*

> *dom52, por ejemplo, el Tribunal Europeo realizó un análisis con relación a "la necesidad de proteger el derecho a la libertad de expresión de los solicitantes y la necesidad de proteger la reputación y los derechos de [una compañía]". Igualmente, en el caso Kuliś and Różycki v. Poland el Tribunal Europeo señaló que la protección del derecho a la reputación de una compañía era un "fin legítimo", en los términos del artículo 10.2 del Convenio Europeo".*[265]

Há outros casos que fazem referência à jurisprudência europeia sobre as possibilidades de restrições à liberdade ou mesmo sobre a questão da veracidade de opiniões, a exemplo do caso Kimel, cuja referência é citada em uma nota de rodapé:

> *"La Corte no estima contraria a la Convención cualquier medida penal a propósito de la expresión de informaciones u opiniones, pero esta posibilidad se debe analizar con especial cautela, ponderando al respecto la extrema gravedad de la conducta desplegada por el emisor de aquéllas, el dolo con que actuó, las características del daño injustamente causado y otros datos que pongan de manifiesto la absoluta necesidad de utilizar, en forma verdaderamente excepcional, medidas penales. En todo momento la carga de la prueba debe recaer en quien formula la acusación. En este orden de consideraciones, la Corte observa los movimientos en la jurisprudencia de otros Tribunales encaminados a promover, con racionalidad y equilibrio, la protección que merecen los derechos en aparente pugna, sin mellar las garantías que requiere la libre expresión como baluarte del régimen democrático.*
> ***Nota de rodapé n. 57:***
> *En el Caso Mamere la Corte Europea de Derechos Humanos consideró que "si bien la libertad de expresión tiene un valor preponderante, especialmente en cuestiones de interés público, no puede prevalecer siempre en todos los casos sobre la necesidad de proteger el honor y la reputación, ya sea de personas privadas o de funcionarios públicos". La versión original en inglés es la siguiente: "the eminent value of freedom of expression, especially in debates on subjects of general concern, cannot take precedence in all circumstances over the need to protect the honour and reputation of others, be they ordinary citizens or public officials". Cfr. Mamère v. France, no. 12697/03, § 27, ECHR 2006. Asimismo, en el Caso*

[265] Corte Interamericana de Direitos Humanos, Caso Usón Ramírez vs. Venezuela, J. 20.11.2009. Série C, n. 207. http://www.corteidh.or.cr/docs/casos/articulos/seriec_207_esp.pdf.

> *Castells el Tribunal Europeo afirmó que "permanece abierta la posibilidad para las autoridades competentes del Estado de adoptar, en su condición de garantes del orden público, medidas, aún penales, destinadas a reaccionar de manera adecuada y no excesiva frente a imputaciones difamatorias desprovistas de fundamento o formuladas de mala fe". La versión original en inglés señala: "it remains open to the competent State authorities to adopt, in their capacity as guarantors of public order, measures, even of a criminal law nature, intended to react appropriately and without excess to defamatory accusations devoid of foundation or formulated in bad faith". Cfr. ECHR, Castells v. Spain, judgment of 23 April 1992, Series A no. 236, § 46".*[266]

Outros casos foram analisados, tais como, *Olmedo Bustos e outros vs. Chile* (Série C, n. 73, 2001), *Herrera Ulloa vs. Costa Rica* (Série C, n. 107, 2004), *Ricardo Canese vs. Paraguai* (Série C, n. 111, 2004), *Tristán Donoso vs. Panamá* (Série C, n. 193, 2009), *Gomes Lund e outros vs. Brasil* (Série C, n. 219, 2010) e *Fontevecchia D'Amico vs. Argentina* (Série C, n. 238, 2012). Como já afirmando, embora estes casos mais recentes não contenham referência expressa à jurisprudência da corte europeia, seu fundamento e entendimento são os mesmos da congênere europeia, razão pela qual acreditamos que, de fato, a Corte interamericana enraizou a interpretação adotada pela Corte europeia, seja no tema propriamente dito da liberdade de pensamento e de expressão, seja em relação às questões processuais e procedimentais.

Due process of law: Em matéria de devido processo legal, analisamos 3 (três) casos que nos pareceram mais relevantes, sendo 2 (dois) casos da Corte Europeia e um caso da Corte Interamericana, os quais fazem menção à jurisprudência de suas congêneres.

Verificamos que no caso Öcalan vs. Turkey, julgado em 12.5.2005 (n. 46221/99), a Corte Europeia incorporou o entendimento da jurisprudência interamericana como verdadeira orientação, notadamente a Opinião Consultiva n. 16/99, referente ao acesso à informação de assistência consular como uma das garantias do devido processo legal e o julgamento do Caso Constantine and Benjamin vs. Trinidade e Tobago, julgado em 21.6.2002.

[266] Corte Interamericana de Direitos Humanos, Cao Kimel vs. Argentina, J. 2.5.2008, Série C, n. 177. http://www.corteidh.or.cr/docs/casos/articulos/seriec_177_esp.pdf.

A decisão da corte europeia faz ainda referência ao artigo 4º da Convenção Americana, que trata sobre a possibilidade de pena de morte em algumas circunstâncias peculiares, bem como ao artigo 6º do Pacto Internacional dos Direitos Civis e Políticos, os quais determinam a observância do devido processo legal, sobretudo para a limitação da pena de morte a casos extremamente graves, e cuja análise deve ser feita necessariamente por um órgão jurisdicional independente e imparcial, observando de forma muito estrita e atenta, repita-se, o *due processo f law*, considerando ser a pena de morte uma medida irreversível. Eis o trecho da sentença do caso Öcalan vs. Turkey:

> *"In an Advisory Opinion on "The right to information on consular assistance in the framework of the guarantees of due process of law" (Advisory Opinion OC-16/99 of 1 October 1999) the Inter-American Court of Human Rights examined the implication of the guarantees of a fair procedure with Article 4 of the American Convention on Human Rights, which permitted the death penalty in certain circumstances. It stated:*
>
> *"134. It might be useful to recall that in a previous examination of Article 4 of the American Convention (Restrictions to the Death Penalty, Advisory Opinion OC-3/83 of 8 September, 1983, Series A No. 3) the Court observed that the application and imposition of capital punishment are governed by the principle that '[n]o one shall be arbitrarily deprived of his life'. Both Article 6 of the International Covenant on Civil and Political Rights and Article 4 of the Convention require strict observance of legal procedure and limit application of this penalty to 'the most serious crimes'. In both instruments, therefore, there is a marked tendency toward restricting application of the death penalty and ultimately abolishing it.*
>
> *135. This tendency, evident in other inter-American and universal instruments, translates into the internationally recognised principle whereby those States that still have the death penalty must, without exception, exercise the most rigorous control for observance of judicial guarantees in these cases. It is obvious that the obligation to observe the right to information becomes all the more imperative here, given the exceptionally grave and irreparable nature of the penalty that one sentenced to death could receive. If the due process of law, with all its rights and guarantees, must be respected regardless of the circumstances, then its observance becomes all the more important when that supreme entitlement that every human rights treaty and declaration recognises and protects is at stake: human life.*

> *136. Because execution of the death penalty is irreversible, the strictest and most rigorous enforcement of judicial guarantees is required of the State so that those guarantees are not violated and a human life not arbitrarily taken as a result."*
> *In its Hilaire, Constantine and Benjamin et al v Trinidad and Tobago judgment of 21 June 2002, the Inter-American Court stated:*
> *"Taking into account the exceptionally serious and irreparable nature of the death penalty, the observance of due process, with its bundle of rights and guarantees, becomes all the more important when human life is at stake" (at § 148)".*[267]

Já o caso Ergin vs. Turkey, julgado em 4.5.2006 (n. 47533/00) também faz referência à jurisprudência da Corte Interamericana no sentido de orientar e fundamentar sua própria decisão, utilizando-se, para tanto, do julgamento dos casos Cantoral-Benavides vs. Peru e Durand and Ugarte vs. Peru, julgados em 18 e 16.8.2000, respectivamente. Referidos julgados foram utilizados pela Corte Europeia para fundamentar a exclusão de civis da jurisdição de cortes militares, uma vez que tal jurisdição deve se restringir exclusivamente à proteção dos interesses específicos relacionados ao exercício das funções militares designadas por lei própria.

Neste caso, podemos admitir que a Corte Europeia faz referência à jurisprudência da Corte Interamericana para legitimar sua fundamentação, já que ao mencionar o julgado americano, ela também faz referência à matéria em outros sistemas, a fim de destacar de que maneira este tipo de assunto é julgado ou tratado na Europa e no sistema das Nações Unidas, por exemplo. Eis o trecho do acórdão:

> *"The settled case-law of the Inter-American Court of Human Rights excludes civilians from the jurisdiction of military courts in the following terms:*
> *"In a democratic Government of Laws the penal military jurisdiction shall have a restrictive and exceptional scope and shall lead to the protection of special juridical interests, related to the functions assigned by law to the military forces. Consequently, civilians must be excluded from the military jurisdiction scope and only the military shall be judged by commission of crime or offenses that by its own nature attempt against legally protected interests of military order"*

[267] Corte Europeia de Direitos Humanos, Case of. Öcalan v. Turkey, Application n. 46221/99, Julgado em 12. 5.2005. https://hudoc.echr.coe.int/eng#{%22fulltext%22:[%22%C3%B6calan%22],%22itemid%22:[%22001-60979%22]}.

(IACHR, Durand and Ugarte v. Peru, 16 August 2000, § 117). That line of case-law, based on Article 8 of the American Convention on Human Rights, was followed in other cases decided by the Court, and the Inter-American Commission had also previously followed that approach (see International Commission of Jurists, Military Jurisdiction and International Law, (2004, pp. 118 et seq.)".[268]

Por fim, a Corte Interamericana também faz referência à Corte Europeia em matéria do devido processo legal, como por exemplo, na própria Opinião Consultiva OC-16/99, que posteriormente viria a ser citada pela congênere europeia, o que demonstra de forma inequívoca a existência de um diálogo, propriamente dito, e não apenas a mera referência unilateral. Referida Opinião Consultiva trata do direito à informação sobre assistência consular e as garantias do devido processo legal nessa seara. Eis um trecho de destaque desta opinião:

"Lo ilustra, v.g., la célebre decisión de la Corte Europea de Derechos Humanos en el caso Marckx versus Bélgica (1979), en que, al determinar la incompatibilidad de la legislación belga relativa a la filiación natural con el artículo 8 de la Convención Europea de Derechos Humanos, ponderó que, aunque en la época de redacción de la Convención la distinción entre familia "natural" y familia "legítima" era considerada lícita y normal en muchos países europeos, la Convención debía, sin embargo, interpretarse a la luz de las condiciones contemporáneas, tomando en cuenta la evolución en las últimas décadas del derecho interno de la gran mayoría de los Estados miembros del Consejo de Europa, hacia la igualdad entre hijos "naturales" y "legítimos"104. 8. En el plano del derecho procesal el mismo fenómeno ocurrió, como lo reconoce esta Corte en la presente Opinión Consultiva, al señalar la evolución en el tiempo del propio concepto de debido proceso legal (párrafo 117). El aporte del Derecho Internacional de los Derechos Humanos es aquí innegable, como lo revela la rica jurisprudencia de la Corte y Comisión Europeas de Derechos Humanos bajo el artículo 6(1) de la Convención Europea de Derechos Humanos".[269]

Desaparecimento forçado de pessoas: Na análise dos casos que serão a seguir mencionados, observamos que há sim um diálogo entre as cor-

[268] Corte Europeia de Direitos Humanos, Case of Ergin v. Turkey, Apllication n. 47533/99, Julgado em 4 de maio de 2006. https://www.legal-tools.org/doc/f42b28/pdf/.
[269] http://www.corteidh.or.cr/docs/opiniones/seriea_16_esp.pdf.

tes europeia e interamericana em matéria de desaparecimento forçado de pessoas, ao passo que também observamos que as referências feitas demonstram que cada corte recorre à jurisprudência de sua congênere por motivos próprios.

Nos casos analisados, observamos ainda que os precedentes europeus citados pela Corte Interamericana costumam ser os mesmos (notadamente casos da Turquia, como Kurt vs. Turkey, julgado em 25.5.2008; Chipre vs. Turkey, julgado em 10.5.2001 e Cakici vs. Turkey, julgado em 8.7.1999, por exemplo). Ao utilizar referidos casos como referências para suas próprias decisões, a Corte Interamericana afirma: em primeiro lugar, que o desaparecimento forçado de pessoas constitui grave violação múltipla de direitos humanos em diversas normativas internacionais de direitos humanos e, em segundo lugar, para elencar os elementos caracterizadores do desaparecimento forçado.

Veja-se, por exemplo, trecho da sentença do caso Contreras e outros vs. El Salvador, julgado pela CIDH em 31.8.2011 e cuja nota de rodapé cita justamente os casos europeus acima mencionados que julgam violações praticadas pela Turquia:

> *"La caracterización pluriofensiva, en cuanto a los derechos afectados, y continuada o permanente de la desaparición forzada, también se desprende de la jurisprudencia de este Tribunal de manera constante desde su primer caso contencioso resuelto en 1988, incluso, con anterioridad a la definición contenida en la Convención Interamericana sobre Desaparición Forzada de Personas. Esta caracterización resulta consistente con otras definiciones contenidas en diferentes instrumentos internacionales que señalan como elementos concurrentes y constitutivos de la desaparición forzada: a) la privación de la libertad; b) la intervención directa de agentes estatales o la aquiescencia de éstos, y c) la negativa de reconocer la detención y de revelar la suerte o el paradero de la persona interesada. En ocasiones anteriores, este Tribunal ya ha señalado que, además, la jurisprudencia del Tribunal Europeo de Derechos Humanos, las decisiones de diferentes instancias de las Naciones Unidas, al igual que varias Cortes Constitucionales y otros altos tribunales de los Estados americanos, coinciden con la caracterización indicada".*[270]

[270] Corte Interamericana de Direitos Humanos, Caso Contreras y outros vs. El Salvador, Julgado em 31 de agosto de 2011, Série C, n. 232. http://corteidh.or.cr/docs/casos/articulos/seriec_232_esp.pdf.

De outro lado, a Corte Europeia utiliza a jurisprudências interamericana em outras situações, quais sejam, i) em sentido contrário ao americano, para refutar a possibilidade de condenação do Estado nas situações em que não há prova inequívoca e incontroversa a respeito desta violação de direito; e ii) em sentido análogo ao americano, para considerar que o desaparecimento forçado de pessoas é uma violação contínua de direitos humanos, o que garantiu inclusive, que ambas as cortes pudessem julgar situações que ocorreram em momento anterior à aceitação da competência do tribunal pelo Estado violador.

Eis o trecho da sentença do caso Kurt v. Turkey, no qual é mencionado que a Corte Interamericana já analisou esta matéria em diversos casos e destaca a complexidade e gravidade de tal violação:

> *"The Inter-American Court of Human Rights had considered the question of enforced disappearances in a number of cases under the provisions of the American Convention on Human Rights and prior to the adoption of the Inter-American Convention on Forced Disappearance of Persons: Velásquez Rodríguez v. Honduras, judgment of 29 July 1988 (Inter-Am. Ct. H. R. (Ser. C) no. 4) (1988)); Godínez Cruz v. Honduras, judgment of 20 January 1989 (Inter-Am. Ct. H. R. (Ser. C) no. 5) (1989)); and Cabellero-Delgado and Santana v. Colombia, judgment of 8 December 1995 (Inter-Am. Ct. H. R.).*
>
> *The Inter-American Court of Human Rights had considered the question of enforced disappearances in a number of cases under the provisions of the American Convention on Human Rights and prior to the adoption of the Inter-American Convention on Forced Disappearance of Persons: Velásquez Rodríguez v. Honduras, judgment of 29 July 1988 (Inter-Am. Ct. H. R. (Ser. C) no. 4) (1988)); Godínez Cruz v. Honduras, judgment of 20 January 1989 (Inter-Am. Ct. H. R. (Ser. C) no. 5) (1989)); and Cabellero-Delgado and Santana v. Colombia, judgment of 8 December 1995 (Inter-Am. Ct. H. R.)".*[271]

Obrigações positivas e responsabilidade dos Estados: A questão das obrigações positivas oriundas das determinações contidas nas Con-

[271] Corte Europeia de Direitos Humanos, Case of Kurt v. Turkey, Julgado em 25.5.1998, 15/1997/799/1002. https://hudoc.echr.coe.int/eng#{%22fulltext%22:[%22kurt%20v.%20turkey%22],%22documentcollectionid2%22:[%22JUDGMENTS%22,%22DECISIONS%22,%22COMMUNICATEDCASES%22,%22RESOLUTIONS%22],%22itemid%22:[%22001-58198%22]}.

venções também se revelou bastante assídua no diálogo entre as cortes europeia e interamericana, notadamente no que se refere à obrigação de investigação nos casos de direito à vida.

Constatamos ao menos dois em que a Corte Europeia faz referência à Corte Interamericana nesta matéria. No caso Al-Skeini vs. Reino Unido, julgado em 7.7.2011, que cita o caso Massacre de Mapiripán vs. Colômbia, julgado em 15.9.2005, o tribunal europeu decidiu que, independente das circunstâncias internas do país, o Estado tem a obrigação de investigar possíveis violações de direitos humanos previstos na Convenção, utilizando-se para tanto do resultado adotado por sua congênere americana ao analisar a situação da Colômbia, que apesar de delicada, não eximia o país de adotar todas as medidas necessárias para a adequada investigação de violações, sendo esta uma obrigação positiva.

Eis um trecho da sentença do caso europeu, que transcreve uma parte do entendimento adotado pela Corte Interamericana:

> *"In its judgment in the Case of the Mapiripán Massacre v. Colombia, 15 September 2005, the Inter-American Court of Human Rights held, inter alia, in connection with the respondent State's failure fully to investigate the massacre of civilians carried out by a para-military group with the alleged assistance of the State authorities: '238. In this regard, the Court recognizes the difficult circumstances of Colombia, where its population and its institutions strive to attain peace; However, the country's conditions, no matter how difficult, do not release a State Party to the American Convention of its obligation set forth in this treaty, which specifically continue in cases such as the instant one. The Court has argued that when the State conducts or tolerates actions leading to extra-legal executions, not investigating them adequately and not punishing those responsible, as appropriate, it breaches the duties to respect rights set forth in the Convention and to ensure their free and full exercise, both by the alleged victim and by his or her next of kin, it does not allow society to learn what happened, and it reproduces the conditions of impunity for this type of facts to happen once again'"*,[272]

No caso Bevacqua e S. vs. Bulgaria, julgado em 12 de junho de 2008, a Corte Europeia ressaltou um relatório da Special Rapporteur on

272 Corte Europeia de Direitos Humanos, Caso fof Al-Skeini e outros vs. Reino Unido, Julgado em 7.7.2011, Application n. 55721/07. http://www.refworld.org/pdfid/4e2545502.pdf.

Violence Against Women, o qual se baseou, inclusive, no caso Velasquez Rodriguez vs. Honduras e em relatório da Comissão Interamericana de Direitos Humanos a respeito do Caso Maria da Penha Maia Fernandes vs. Brasil, cuja notoriedade levou à criação de uma lei nacional contra a violência doméstica. Na sentença, o entendimento europeu é o de que há uma regra de costume internacional no sentido de que os Estados devem prevenir e responder a qualquer ato de violência contra a mulher através de *due diligences*. Eis um trecho da referida sentença:

> *"The United Nations General Assembly Declaration on the Elimination of Violence against Women (1993), in its Article 4(c), urges States to "exercise due diligence to prevent, investigate and, in accordance with national legislation, punish acts of violence against women, whether those acts are perpetrated by the State or private persons". In his third report, of 20 January 2006, to the Commission on Human Rights of the UN Economic and Social Council (E/CN.4/2006/61), the Special Rapporteur on violence against women considered that there is a rule of customary international law that "obliges States to prevent and respond to acts of violence against women with due diligence". This conclusion was based mainly on analysis of developments in the case-law of several international bodies, including this Court (reference to Osman v. the United Kingdom, judgment of 28 October 1998, Reports of Judgments and Decisions 1998-VIII), the Inter-American Court of Human Rights (reference to the case of Velasquez Rodriguez v. Honduras), the Inter-American Commission of Human Rights (reference to Report no. 54/01, Case 12.051, Maria da Penha Maia Fernandes (Brazil)) and the committee monitoring the UN Convention on the Elimination of All Forms of Discrimination against Women (reference to the case of A.T. v Hungary – 2005)".*

De outro lado, pudemos notar que a jurisprudência da Corte Interamericana evoluiu de uma maneira muito particular nesta matéria das obrigações positivas e não faz menção expressa a alguma sentença específica do tribunal europeu. Contudo, a Corte reconhece em julgados mais recentes o fato de que todos os sistemas de proteção de direitos humanos denotam a obrigação positiva de investigar qualquer violação de direitos convencionais.

Proibição de discriminação por orientação sexual: O assunto das discriminações por orientação sexual se insere no contexto do que podemos chamar de direitos novos ou contemporâneos. A Corte Interamericana já firmou seu entendimento no sentido de que o artigo 1º da Convenção Americana é uma cláusula aberta, podendo incorporar, portanto, a proibição de discriminação por orientação sexual, impondo inclusive uma obrigação aos Estados nesse sentido.

Nesse contexto, a Corte Interamericana incorporou como precedente europeu o caso Salgueiro da Silva Mouta vs. Portugal, julgado em 21.3.2000, ao apreciar o caso Atala Riffo vs. Chile, por sua vez julgado no em 24.2.2012. Importante destacar que a Corte Interamericana, além de mencionar o precedente europeu, também ouviu o perito Robert Warren Wintemute, que é professor de Direitos Humanos no King´s College London e a quem competiu dar toda uma ênfase ao sistema europeu de proteção dos direitos humanos. Na referência ao precedente europeu, eis o trecho da sentença interamericana:

> *"Respecto a la inclusión de la orientación sexual como categoría de discriminación prohibida, el Tribunal Europeo de Derechos Humanos ha señalado que la orientación sexual es "otra condición" mencionada en el artículo 1498 del Convenio Europeo para la Protección de los Derechos Humanos y de las Libertades Fundamentales (en adelante "Convenio Europeo"), el cual prohíbe tratos discriminatorios. En particular, en el Caso Salgueiro da Silva Mouta Vs. Portugal, el Tribunal Europeo concluyó que la orientación sexual es un concepto que se encuentra cubierto por el artículo 14 del Convenio Europeo. Además, reiteró que el listado de categorías que se realiza en dicho artículo es ilustrativo y no exhaustivo 100. Asimismo, en el Caso Clift Vs. Reino Unido, el Tribunal Europeo reiteró que la orientación sexual, como una de las categorías que puede ser incluida bajo "otra condición", es otro ejemplo específico de los que se encuentran en dicho listado, que son consideradas como características personales en el sentido que son innatas o inherentes a la persona".*[273]

Veja-se, por outro lado, que em um caso julgado pela Corte Europeia nesta temática, as organizações não governamentais Fédération international des ligues des droits de l'homme, the International Commission of Jurists, the European Region of the International Lesbian, Gay, Bisexual, Trans and Intersex Association, the British Association for Adoption and Fostering, the Network of European LGBT Families

[273] Corte Interamericana de Direitos Humanos, Caso Atala Riffo vs. Chile, Julgado em 24.2.2012, Série C, n. 239. http://corteidh.or.cr/docs/casos/articulos/seriec_239_esp.pdf.

Associations and the European Commission on Sexual Orientation Law, na qualidade de terceiras interessadas, invocaram justamente o prcedente do caso Atala Riffo vs. Chile para demonstrar que a discriminação por orientação sexual é uma violação a direito previsto na Convenção Europeia:

> *"In their joint comments these six non-governmental organisations stressed that, like* Karner *(cited above), the present case concerned a difference in treatment in that an unmarried different-sex couple was granted a right which was denied to an unmarried same-sex couple. The standards developed in* Karner *should therefore be applied. Furthermore, in* Salgueiro da Silva Mouta v. Portugal *(no. 33290/96, ECHR 1999IX) and in* E.B. v. France *(cited above), the Court had implicitly accepted that there were no reasons why a child should not be raised by a lesbian or gay individual living with a same-sex partner. A similar finding had recently been made by the Inter-American Court of Human Rights in the case of* Atala Riffo and Daughters v. Chile *(judgment of 24 February 2012)".*[274]

Nestes casos, as cortes reconheceram a extensão do artigo 1º de suas Convenções no sentido de expandir as proibições de discriminação, bem como analisaram a responsabilidade dos Estados em face dos tratamentos discriminatórios, sempre ressalvando que a igualdade é inseparável da dignidade da pessoa humana.

4.4. As conclusões gerais do diálogo

A partir da análise dos casos acima citados, e que se ressalte que tão análise não foi exaustiva dada a quantidade de casos já jugados pelas duas cortes regionais aqui estudadas, é certo que pudemos extrair algumas conclusões de forma a responder as indagações formuladas no item anterior.

Os condutores do diálogo. Em relação à Corte Interamericana, pudemos observar que diversos são os condutores do diálogo judicial internacional entre as duas cortes. É fácil observar que a própria corte, ou seja, através de seus juízes, recorre às decisões proferidas pela Corte

[274] Corte Europeia de Direitos Humanos, Case OF and other vs. Austria, Julgado em 19.2.2013, Application n. 19010/07. https://hudoc.echr.coe.int/eng#{%22fulltext%22:[%22sexual%20orientation%22],%22itemid%22:[%22001-116735%22]}.

Europeia. É evidente, contudo, a dificuldade que encontramos em determinar somente através dos argumentos das sentenças se as próprias partes invocaram precedentes ou doutrina europeia, muito embora isto seja bastante provável. Ou seja: não é possível afirmar que o diálogo se faça somente em decorrência do fomento das próprias partes.

De qualquer modo, os juízes americanos parecem utilizar a jurisprudência europeia como técnica de argumentação de tal modo que em casos mais recentes, os casos europeus sequer são citados de forma explícita, como ficou bem claro na análise da matéria do direito à liberdade de expressão. Apesar de tal prática não caracterizar o diálogo de maneira tão expressa e atual em algumas matérias, é relevante o fato de que o entendimento europeu, inclusive em relação à doutrina, é fator primordial de argumentação e fundamentação das sentenças proferidas pela Corte Interamericana.

Já no que diz respeito à Corte Europeia, pudemos observar que a invocação da jurisprudência americana não foi feita pelos próprios juízes de forma tão assente quanto na América Latina. Pelas citações e referências a relatórios e opiniões consultivas, é possível afirmar que organizações não governamentais, a exemplo da Anistia Internacional e das organizações vinculadas à comunidade LGBT, e talvez as próprias vítimas, sejam os condutores mais eficazes do diálogo no tribunal europeu. A atuação da vítima não pode ser ignorada como condutor do diálogo, o que é facilmente constatado, por exemplo, pela fundamentação do caso Ergin vs. Turquia.

E pelo que se pôde constatar observando os números das referências feitas pelas cortes umas às outras, é certo que somente em um contexto mais recente é que os próprios juízes da Corte Europeia têm se valido dos precedentes americanos, inclusive como argumento de opiniões divergentes. Este fato também foi constatado pelo Relatório de Proteção Multinível dos Direitos Humanos elaborado pela DHES, oportunidade na qual foi mencionado que "*o recurso à jurisprudência da CIDH não é o resultado de uma afinidade cultural particular, mas a sua importância como órgão convencional de proteção dos direitos humanos, razão pela qual se espera que este tipo de diálogos continue e se aprofunde*"[275].

[275] Op. cit. p. 214.

Já se pode concluir até aqui que a evolução do Direito Constitucional acompanhou a evolução do Direito Internacional dos Direitos Humanos, de tal modo que diversas constituições ocidentais incorporaram em seu conteúdo direitos humanos previstos em instrumentos normativos internacionais.

Legitimidade. Não temos a menor dúvida de que o apego sistemático da Corte Interamericana à jurisprudência europeia está totalmente relacionado com o fato de que o sistema americano de proteção de direitos humanos foi erigido à semelhança do sistema europeu. Desta forma, é evidente que o diálogo mantido entre as duas cortes serve como um fator de legitimação do tribunal americano enquanto organismo jurisdicional máximo de prevenção e proteção dos direitos humanos na América Latina.

De outro lado, a legitimação conferida à Corte Interamericana é plenamente reconhecida e ressalvada pela sua congênere europeia quando esta se utiliza dos precedentes americanos, validando assim a importância e a eficácia da Corte Interamericana dentro do sistema da justiça internacional como um todo.

A extensão da jurisprudência. Parece-nos também que quando a Corte Europeia se remete à Corte Interamericana nos fundamentos jurídicos de suas sentenças, como ocorreu na maioria dos casos analisados, seu objetivo é diferente do objetivo do tribunal americano. Se este pretende legitimar suas decisões, o europeu parece querer comprovar a expansão da jurisprudência regional de direitos humanos para as mais diversas áreas e para a ordem jurídica interna dos Estados.

Laurence Burgorgue e Nicolás Céspedes denominam esse fenômeno como o *cosmopolitismo normativo*, que eles consideram como uma forma de universalizar os direitos, "*apesar das diferenças na regulação dos sistemas regionais de garantia e, mais além, das diferenças sociais e políticas*"[276].

Nesse sentido, é interessante notar que a Corte Europeia nunca faz referência apenas e tão somente à jurisprudência da Corte Interamericana, mas também ao entendimento e às referências jurisprudenciais do sistema das Nações Unidas.

[276] Op. cit. p. 225.

E por fim, mas ainda nesse contexto, pudemos notar que ao fazer referência à jurisprudência da Corte Interamericana, o tribunal europeu busca utilizar seus próprios fundamentos para apoiar o uso ao diálogo.

De um modo ou de outro, é certo que o diálogo judicial internacional entre as duas cortes é existente, embora percorra caminhos diversos em alguns aspectos, seu resultado pelo mesmo.

CONCLUSÕES

Ao final das pesquisas para a elaboração da dissertação de mestrado que se traduziu neste livro, pudemos concluir que as modificações e inovações do Direito Internacional dos Direitos Humanos, notadamente em relação à institucionalização da justiça internacional e da jurisdicionalização dos direitos humanos deram ensejo à criação de uma verdadeira cadeia de influências que se intercalam em um diálogo judicial de ideias, conceitos e fundamentos jurídicos.

Não se trata mais apenas de um transplante de ordens jurídicas, ou da mera importação ou sobreposição de entendimentos jurisprudenciais, mas de uma troca de influências em nível vertical e horizontal de diálogo, que favorece o compartilhamento não só de ideias, mas a criação de um efetivo solo comum em matéria de direitos humanos e em nível internacional e, a partir daí, em nível de jurisprudência constitucional e em matéria de direitos fundamentais nas ordens jurídicas internas.

É precisamente neste cenário que ascendem as cortes regionais de direitos humanos como órgãos de jurisdição dentro de um sistema internacional de justiça e, obviamente, como órgãos máximos de prevenção e proteção de direitos humanos convencionados e internacionalmente reconhecidos.

O diálogo judicial entre as cortes regionais de direitos humanos também tem o seu papel de projetar influência nas ordens jurídicas internas, não somente como uniformizador de entendimentos, mas também como mediador do necessário equilíbrio que deve haver entre o direito internacional e o direito constitucional, no verdadeiro jogo de influências que um exerce sobre outro, mais precisamente o direito internacional sobre o direito constitucional.

Assim, é plenamente possível afirmar que o diálogo judicial internacional se insere em um importante e irreversível contexto de globalização e globalismo, do maior fluxo de informações, fomentado também pelos avanços tecnológicos, de acesso às diversas fontes de direito e da maior complexidade de situações fáticas que são submetidas aos tribunais internacionais, situações estas muitas vezes não abrangidas por algum direito devidamente normatizado.

A partir daí é que o diálogo judicial entre as cortes regionais de direitos humanos se mostra imprescindível para reforçar sua legitimidade e autoridade, sem que para tanto seja necessário estabelecer qualquer tipo de hierarquia entre elas, mas suficientemente capaz e eficaz no sentido de embasar as decisões das cortes de forma adequada às vitórias alcançadas na tão importante matéria dos direitos humanos e nas conquistas democráticas do Estado de direito.

Ao chegar à esta conclusão, não precisamos nos filiar a qualquer das correntes que acreditam no surgimento de uma "constituição supranacional" ou de uma "justiça universal". Bem ao contrário, apenas reforçamos que o diálogo judicial internacional se coloca em um contexto de integração discursiva. Ou seja: o diálogo judicial internacional está mais para uma ferramenta de legitimação da justiça internacional e de expansão da jurisprudência de direitos humanos para outras áreas do que para qualquer unificação de instituições jurídicas ou órgãos jurisdicionais.

Evidentemente, e como foi possível observar ao longo das pesquisas realizadas, a existência do diálogo judicial entre as cortes regionais de direitos humanos se fundamenta, para além da questão da legitimação, na necessidade de os tribunais, inclusive os nacionais, enfrentarem, a todo o momento, novas e complexas questões em matéria de direitos humanos (e direito constitucional).

Ao construir esta linha de raciocínio em conjunto com o objetivo deste estudo, também pudemos corroborar o primeiro entendimento no sentido de que não obstante os diversos fenômenos que possam se assemelhar a um diálogo, o termo diálogo judicial internacional parece perfeito às nossas pretensões, pois denota a "conversa" que tentamos aqui demonstrar entre as cortes regionais de direitos humanos.

Assim é que o diálogo judicial internacional se justifica I) pela necessidade de se encontrar princípios e valores comuns em matéria de direitos humanos; II) pela necessidade de efetivar direitos humanos internacionalmente reconhecidos; III) pela necessidade de impedir a ocorrência de qualquer arbitrariedade em decisões de questões tão relevantes e complexas; IV) pela necessidade de se adotar um solo comum para a apreciação de fatos idênticos e análogos da vida, gerando com isso maior segurança jurídica aos indivíduos em todo o mundo e V) pela necessidade de se adotar uma decisão mesmo quando estiver sob análise um caso que demanda a interpretação de normas genéricas ou de direitos humanos conflitantes entre si.

Também não pudemos ignorar que, por todos os motivos aqui já expostos, o diálogo judicial internacional apresenta um relevante valor hermenêutico, especialmente no contexto da justiça internacional. Nesse sentido, os condutores do diálogo, que foram mencionados no decorrer desta obra, podem e devem recorrer aos precedentes como fator hermenêutico e como técnica de julgamento para a tomada das decisões.

Ainda, o papel hermenêutico do diálogo judicial internacional no contexto analisado é também o de defender a autonomia e autoridade das Convenções regionais sobre direitos humanos perante os próprios juízes. Ou seja: o diálogo judicial internacional acaba não se colocando como uma mera técnica de julgamento, mas como uma ferramenta de reconhecimento da normativa internacional em matéria de direitos humanos.

Foi a partir do estabelecimento das premissas conceituais a respeito das teorias que envolvem o diálogo judicial internacional, precisamente a partir da teoria estabelecida por Maurício Ramires, embora voltada a um diálogo vertical, que pudemos abrir espaço para a análise do diálogo judicial internacional propriamente dito entre as cortes regionais europeia e interamericana de direitos humanos.

Para nós, a verificação de tal diálogo se mostrou eficaz a partir de uma análise comparada entre as técnicas de julgamento utilizadas pelas Cortes europeia e interamericana, e por meio das quais pudemos responder às indagações práticas sobre de que maneira tal diálogo se desenvolve, quais são os seus vetores e/ou condutores e de que maneira o diálogo responde às inquietações da jurisdicionalização dos direitos humanos.

Ao dar enfoque ao diálogo entre as mencionadas cortes no tema voltado à proteção dos direitos humanos, pudemos concluir, em um primeiro momento, que ambas partilham interpretações sistemáticas considerando a existência de uma normativa expressa em Convenções de forma universal, indivisível e integral.

Em outras palavras, ainda que as cortes regionais de direitos humanos se vejam na obrigação de analisar temas complexos e desafiadores, essa tarefa se dá sob a perspectiva e sob o amparo do Direito Internacional dos Direitos Humanos e todos os parâmetros protetivos universais por ele garantido: justamente os tratados, as declarações, convenções e, claro, a própria jurisprudência.

Assim, em todos os casos julgados por ambas as cortes, há extensa menção aos diversos instrumentos normativos que existem a respeito dos mais variados direitos humanos internacionalmente reconhecidos. Não há a menor possibilidade de que qualquer sentença ou decisão seja proferida sem que se faça referência à norma que positiva determinado direito ou, pelo menos, ao princípio que determinada declaração veicula.

Além disso, pudemos concluir, de forma mais específica, que o diálogo judicial entre estas cortes possibilita à Corte Europeia, por exemplo, encarar um quadro de violações de direitos humanos que é pouco visto nos países da Europa Ocidental, mas muito assente no Leste Europeu, como os vários casos citados referentes à Turquia, ou à Bulgária, por exemplo. Ora, tal fato consolida o debate sobre a importância da justiça internacional na consolidação de democracias, papel que já tem sido muito bem desenvolvido pela Corte Interamericana no contexto histórico e político de sua formação, como fora aqui observado.

Ou seja: a Corte Europeia se abriu à jurisprudência americana em decorrência da inclusão dos países do Leste Europeu sob sua jurisdição, ficando, portanto, plenamente demonstrada a importância do diálogo judicial nesse sentido. A jurisprudência europeia só tem crescido e se fortalecido nestas matérias, graças à experiência da jurisprudência americana.

De outro lado, conclusão diversa se faz em relação à Corte Interamericana e o diálogo com sua congênere europeia, notadamente em relação a temas complexos e mais contemporâneos. O diálogo traz luz a temas altamente desafiadores, permitindo a referência a precedentes, ou mesmo a interpretações e conceitos mais simples.

Muito embora seja evidente a multiplicidade de questões e matérias sobre as quais as cortes europeia e interamericana se debruçam para decidir, com citações umas às outras, ainda há um extenso campo a ser explorado nesse diálogo judicial. Matérias importantes já possuem um diálogo consolidado, como o desaparecimento forçado de pessoas, a liberdade de expressão e as obrigações positivas dos Estados.

Outras matérias, no entanto, ainda podem expandir tal diálogo, embora já existente, como ocorre no caso dos direitos mais contemporâneos, relacionados, por exemplo, com orientação sexual e reprodução.

Há assim, um rico movimento de conversa entre as decisões judiciais de cada uma das cortes regionais analisadas, cujo diálogo, acreditamos, deve ser mantido e fomentado através de seus condutores já identificados e de outros que possam eventualmente surgir. Fato é que, não obstante as características significativamente diversas, seja do ponto de vista social e cultural, seja do ponto de vista político e jurídico, o diálogo judicial internacional não apenas é viável, como ele é necessário para a criação de um *ius comune* em matéria de direitos humanos, tal como os princípios declarados pela longínqua Declaração Universal dos Direitos do Homem.

REFERÊNCIAS

ALBUQUERQUE, Martim. ***Jean Bodin na Península Ibérica. Ensaio de História das Ideias Políticas e de Direito Público.*** Paris: Centro Cultural Português, 1978.

ALEXANDRINO, José Melo. Artigo publicado em janeiro de 2011 para o Congresso sobre *Tutela dos Direitos Humanos e Fundamentais,* denominado ***Hermenêutica dos Direitos Humanos:*** http://www.fd.ulisboa.pt/wp-content/uploads/2014/12/Alexandrino-Jose-de-Melo-Hermeneutica-dos-Direitos-Humanos.pdf. Consultado em 3 de agosto de 2017.

ALEXY, Robert. ***El concepto y la validez del derecho u otros ensayos.*** Barcelona: Gedisa, 1997.

ALLARD, Julie, Garapon, Antoine. ***Les Juges dans la Mondialisation: La Nouvelle Révolution du Droit.*** Paris: Seuil, La République des Idées, 2005.

AMARAL JÚNIOR, Alberto do Amaral. ***O "Diálogo" das Fontes: fragmentação e coerência no Direito Internacional Contemporâneo.*** Artigo apresentado no III Anuário Brasileiro de Direito Internacional, V. 2. 2010.

ARAÚJO, António de. ***Saindo do armário, mas (ainda) atrás da porta: o Estatuto jurídico-constitucional dos homossexuais e a decisão Lawrence v. Texas.*** Revista Brasileira de Direito Constitucional, n. 3. Jan/jun. 2004.

ARENDET, Hannah. ***As origens do totalitarismo.*** Tradução de Roberto Raposo. Rio de Janeiro. 1979.

ARNAUD, André-Jean. ***O Direito entre Modernidade e Globalização: Lições de Filosofia do Direito e do Estado.*** Traduzido por Patrice Charles Wuillaume. Rio de Janeiro: Renovar, 1999.

Aristóteles. ***A Política.*** São Paulo: Martins Fontes, 1998.

Baptista, E. Correia. ***Direito Internacional Público***, Vol. II, Coimbra, 2004.

Barroso, Luís Roberto. ***Temas de Direito Constitucional.*** Tomo IV, São Paulo: Renovar, 2006.

__________________. ***Neoconstitucionalismo e constitucionalização do Direito. O triunfo tardio do Direito Constitucional no Brasil*** Artigo publicado em novembro de 2005 no JusBrasil https://jus.com.br/artigos/7547/neoconstitucionalismo-e-constitucionalizacao-do-direito/1.

Bates, Ed. ***The Evolution of the European Convention on Human Rights,*** publicada pela Editora da Universidade de Oxford, em 2010.

Berman, P.S., ***Global Legal Pluralism",*** California: Southern California Law Review, n. 80, 2007-2008.

Berranger, Thibaut. ***Constitution Nationales et Construction Communautaire.*** Paris: LGDJ, 2005.

Bicudo, Hélio. ***Defesa dos direitos humanos: sistemas regionais.*** Artigo publicado para a Scielo, Estudos Avançados, Vol. 17, ano 47, São Paulo, jan/abr. 2013. http://www.scielo.br/scielo.php?script=sci_arttext&pid=S0103-40142003000100014.

Bobbio, Norberto. ***A Era dos Direitos.*** Tradução de Carlos Nelson Coutinho. Rio de Janeiro: Campus, 1988.

__________________. ***Positivismo Jurídico, Lições da Filosofia do Direito*** compiladas pelo dr. Nello Morra, trad. Por Márcio Pugliesi, São Paulo: Ícone, 1995.

Bobbio, Norberto; Matteucci, Nicola; Pasquino, Gianfranco. ***Dicionário de Política.*** Trad. Carmen C. Varriale, Gaetano Lo Mônaco, João Ferreira, Luís Guerreiro Pinto Cacais e Renzo Dini, 11ª ed; Brasília: Ed. UNB

Bonello, Giovnni. ***The European Court on Human Rights,*** **In:** ***The essential of human rights***, Smith, Rhona K. M. e Van den Anker, Christien (coord.), Ofxord: Oxford University Press, 2003.

Borchardt, Klaus-Dieter. ***The ABC of European Union Law.*** Luxembourg: Publications Office of the European Union, 2010.

Bradley, Anthony., Kay, Richard., Janis, Mark. ***European human rights law – texts and materials,*** 2ª ed. Oxford: Oxford University Press, 2000.

Brunkhorst, Hauke. ***Constitucionalização sem democracia***, In: Bigonha, Antonio Carlos e Moreira, Luiz. ***Legitimidade da Jurisdição Constitucional.*** Rio de Janeiro: Lumen Juris, 2010.

Burgenthal, Thomas; Shelton, Dinah. stewart, David. ***International Human Rights***. 3ª ed., 2002, St. Paul, Wets Group.

Burgental, Thomas. Prefácio escrito para a obra ***The practice and procedure of the Inter-American Court on Human Rights,*** de autoria de Jo M. Pasqualucci, Cambridge: Cambridge University Press, 2003. p. XV.

Cançado Trindade, Antonio A. ***Tratado de Direito Internacional dos Direitos Humanos***. Vol. I, 2ª ed. Porto Alegre: Sérgio António Fabris Editor. 2003.

Cançado Trindade, Antonio Augusto. ***Memorial em prol de uma nova mentalidade quanto à proteção dos Direitos Humanos nos Planos Internacional e Nacional.*** In: ***Arquivos de Direitos Humanos***, n. 1, 1999.

Canotilho, José Joaquim Gomes. ***Direito Constitucional e Teoria da Constituição***. 7ª ed. Coimbra: Almedina, 2003.

__________________. ***"Brancosos" e interconstitucionalidade: itinerários dos discursos sobre a historicidade constitucional.*** 2ª ed. Coimbra: Almedida, 2008.

Carvalho, Carolina Barros de Carvalho. ***Direitos Humanos depois da Segunda Guerra Mundial, Jurisdição dos Direitos Humanos e Reflexo no Direito Constitucional***. Artigo apresentado no II Congresso Luso-Brasileiro do NELB e publicado nos Anais do evento. https://books.google.com.br/books?id=oc4wCgAAQBAJ&pg=PT9&lpg=PT9&dq=carolina+barros+de+carvalho+nelb&source=bl&ots=eqMSW0JfqC&sig=YR1g4wMzOMRbgux_Z3C-KzH6P4s&hl=pt-BR&sa=X&ved=0ahUKEwi0rcrDla3XAhXCWpAKHfbyDn8Q6AEILzAC#v=onepage&q=carolina%20barros%20de%20carvalho%20nelb&f=false.

Carvalho, Ernani Rodrigues. ***Em busca da judicialização da política no Brasil: apontamentos para uma nova abordagem,*** Revista de Sociologia e Política, Curitiba, n. 23, nov. 2004.

Castiglione, Dario. ***Reflections on Europe´s Constitutional Future.* In:** *Constellation,* v. 11, n. 3, 2004.

Comparato, Fabio Konder, ***A Afirmação Histórica dos Direitos* Humanos,** São Paulo: Saraiva, 11ª ed. 2017.

Dias, Jorge Figueiredo. ***A pretensão a um juiz independente como expressão do relacionamento democrático entre o cidadão e a justiça***. Sub Judice: Justiça e Sociedade, n. 14, Lisboa, 1999.

Duarte Jr., Ricardo. ***O princípio da proporcionalidade como limite à discricionariedade administrativa.*** Artigo publicado no portal Âmbito

Jurídico. http://www.ambito-juridico.com.br/site/index.php?n_link=revista_artigos_leitura&artigo_id=6381.

FLORES, Joaquim Herrera. ***Los Derechos Humanos como Produtos Culturalres.*** Madrid: Catarata, 2005.

FREITAS, Pedro Caridade de. ***Portugal e a Comunidade Internacional na segunda metade do século XIX.*** Lisboa: Quid Juris, 2012.

GARRO, Alejandro. ***Nine years of transition to democracy in Argentina: partial failure or qualified success?*** Columbia: Columbia Journal of Transnational Law, Vol. 31, n. 1, 1993.

GLOPPEN, Siri; RAKNER, Lise. ***Human Rights and Development The Discourse in the Humanities and Social Sciences.Report*** Chr. Michelsen Institute Bergen Morway, 1993.

GODOY, Paula Véspoli. ***Hans Kelsen e Carl Schmitt: o debate entre normativismo e decisionismo,*** PUC-SP, São Paulo, 2010.

GOMES, Mariângela Gama de Magalhães. ***O princípio da proporcionalidade no Direito Penal.*** São Paulo: Revista dos Tribunai, 2003.

GONZÁLES HERNÁNDEZ, Esther. ***Breve historia del constitucionalismo común (1787-1931),*** Centro de Estudios Ramon Areces, 1ª ed. 2006.

GUERRA, Luis Lópes; GEORGE, Rodrigo Bandeira; URUÉNA, RENÉ; Péres, Ainda Torres (coord.). ***Proteção multinível dos Direitos Humanos Manual,*** dhes. Rede Direitos Humanos e Educação Superior, Universitat Pompeu Fabra, 2014.

HARRIS, David; O'BOYLE, Michael., WARBRICK, Chris. ***Law of the European Convention on Human Rights,*** London-Dublin-Edinburgh, Butterwoths, 1995.

HEGEL, Georg Wilhelm Friedrich. ***Princípios da Filosofia do Direito,*** Martins Fontes, 1997.

HOBHOUSE, Leonard T., ***Liberalism***, London: Williams & Norgate, 1919.

HOBSBAWM, Eric J. ***A era das revoluções.*** Trad. Maria Tereza Lopes Teixeira e Marcos Penchel, 9ª ed; Rio de Janeiro, Paz e Terra, 1996.

HOFFE, Otfried. ***A democracia no Mundo de Hoje.*** Trad. Tito Lívio Romão, São Paulo: Martins Fontes, 2005.

KANT, Immanuel. ***Fundamentação da metafísica dos costumes.*** Traduzido por Paulo Quintela, São Paulo: Abril Cultural, 1980.

KEATING, Michael. ***Plurinational Democracy: Stateless Nations in a Post-sovereignty era,*** Oxfor: Oxford University Press, 2001.

KELSEN, Hans. ***Teoria pura do Direito.*** 3ª ed. São Paulo: Martins Fontes, 1991.

KAUFMANN, Arthur. ***Hermenéutica e Derecho,*** traduzida por Ana Maria Montoya e Luis Villar Borda.Granada: Comares, 2007.

KELSEN, Hans. ***Il problema dela sovramità***, Milão: Giuffrè, 1989.

KINGSBURY, Benedict. ***Foreword: is the proliferations of Internacional Courts and Tribunals a Systemic Problem?***, New York University Journal of International Law and Policy, 1999.

LACERDA, Andrey Felipe. ***O Diálogo entre cortes na proteção regional dos direitos humanos: caso Gomes Lunde e ADPF n. 153,*** publicado na Revista da Faculdade de Direito da Universidade Federal de Minas Gerais, n. 64, jan/jun. 2014, p. 105-131.

LAFER, Celso. ***A ONU e os direitos humanos.*** Palestra feita pelo autor no Colóquio *A Carta de São Francisco: 50 anos depois,* organizado pela Área de Assuntos Internacionais do Instituto dos Estudos Avançados , no Conselho Universitário da Universidade de São Paulo, em 23 de junho de 1995.

L'HEUREUX-DUBÉ, Claire. ***The Importante of Dialogue: Globalization, the Rehnquist Court of Human Right.*** In: Belsky, Martin H. (org.). The Rehnquist Court: a retrospective. New York: Oxford University Press, 2002.

LOBO, António da Rosa Gama. ***Princípios de Direito Internacional,*** Lisboa: Imprensa Nacional, 1865.

LOCKE, John. ***Segundo tratado sobre o governo.*** Traduzido E. Jacy Monteiro, São Paulo: Abril Cultural, 1973.

LOPES, João Batista. ***Efetividade da tutela jurisdicional à luz da constitucionalização do processo civil.*** São Paulo: Revista de Processo, Vol. 29, n. 116, 2004.

MACHADO, Jónatas E.M. Machado, Jónatas E.M. ***Direito Internacional,*** 4ª edição. Coimbra: Editora Coimbra, 2013.

________________. ***Direito Internacional. Do paradigma Clássico ao pós-11 de setembro.*** Coimbra: Coimbra Editora, 2003.

MAGALHÃES, Pedro Coutinho. ***Democratização e independência judicial em Portugal.*** Análise social, Vol. XXX, 130, 1995.

MARINONI, Luiz Guilherme. ***Precedentes Obrigatórios.*** São Paulo: Revista dos Tribunais, 2010.

MARTINS, Ana Maria Guerra. ***Direito Internacional dos Direitos Humanos.*** Coimbra: Almedina. 2013.

MARKESINIS, Basil; Fedtke, Jörg. ***Engaging with Foreign Law.*** Hakt Publishnig, 2009.

MALTEZ, José Adelino. ***Princípios de Ciência Política. Introdução à Teoria Política,*** 2ª ed. Lisboa: Instituto Superior de Ciências Sociais e Políticas da Universidade Técnica de Lisboa, 1996.

MELLO, Celso de Albuquerque. ***Curso de Direito Internacional Público,*** Vol. I, 15ª edição, Rio de Janeiro: Editora Renovar.

MÉNDEZ, Emílio García. ***Origem, Sentido e Futuro dos Direitos Humanos: Reflexões para uma nova agenda.*** Revista Internacional de Direitos Humanos. Edição em Português. Ano 1, Número 1, 2004.

MIRANDA, Jorge. ***Curso de Direito Internacional Público.*** 5 ed. Parede: Princípia. 2012.

______________. ***A recepção da Declaração Universal dos Direitos do Homem pela Constituição Portuguesa – um fenômeno de conjugação de Direito Internacional e Direito Constitucional,*** R. Dir. Adm., Rio de Janeiro, 199: 1-20, jan/mar. 1995.

______________. ***Manual de Direito Constitucional,*** **tomo III – Estrutura Constitucional do Estado,** 4º ed. revista e atualizada, Coimbra: Coimbra Editora, 1998.

MONTENEGRO, Arthur. ***Questões de Direito Internacional Privado. Theoria da Unidade e Universalidade da Falência,*** Coimbra: Imprensa da Universidade, 1894.

MOUSTAFA, Tamir; Ginsburg, Tom. ***Rule by Law: The Politics of Courts in Authoritarian Regimes.*** New York: Cambridge University Press, 2008.

NEVES, Marcelo. ***Transconstitucionalismo.*** **2ª ed.** São Paulo: Editora Martins Fontes, 2009. p. 39.

NEVES, António Castanheira. ***Digesta: escritos acerca do Direito, do Pensamento Jurídico, da sua metodologia e outros.*** Vol. II, Coimbra: Editora Coimbra, 1995.

NIKKEN, Pedro. ***El concepto de derechos humanos.*** San José da Costa Rica: Instituto Interamericando de Derechos Humanos, 1994. Série Estudios de Derechos Humanos.

OLIVEIRA, Herson César de Araújo. ***III Reich e Direito: uma breve análise do Estado de Direito na Alemanha Nazista,*** Tese de Mestrado em Direito apresentada à Universidade Estadual da Paraíba, 2016.

OSPINA, Felipe Arias; Villarreal, Juliana Galindo. GALINDO, George Rodrigo Bandeira; Uruéna, René; Péres, Ainda Torres (coord.). ***Proteção multinível dos Direitos Humanos Manual,*** dhes. Rede Direitos Humanos e Educação Superior, Universitat Pompeu Fabra, 2014.

PALOMARES, Guillem Cano, ***La existencia de un perjuicio importante como nueva condición de admisibilidad tras la entrada en vigor del protocolo núm. 14 al CEDH***, Revista Española de Derecho Europeo, n. 42, 2012.

PASQUALE, Fiore e ROBERT Redslob, in ***Le Droit International Codifié et as Sanction Juridique***, traduzido do italiano por Ch. Antoinem Paris: A. Pedone, Éditeur, 1911, p. 39 e ***Les Príncipes du Droit des Gens Moderne,*** Paris: Arthur Rousseau, 1937.

PASTOR RIDRUEJO, J.A., ***El processo de internacionalización de lós derechos humanos: El fin del mito de la soberania nacional. Plano univresal: la obra de las Naciones Uniudas.*** **In:** Consolidacíon de derechos y garantias: lós grandes retos de lós derechos humanos em el siglo XXI, Consejo General del Pode Judicial, Madrid, 1999.

PEREIRA, André Gonçalves; Quadros, Fausto de. ***Manual de Direito Internacional Público,*** Coimbra: Almedina, 1993.

PIOVESAN, Flávia Cristina. ***Diálogos Jurisdicionais e Direitos Humanos,*** coord. Flávia Piovesan e Jânia Maria Lopes Saldanha, Brasília: Gazeta Jurídica, 2016.

_________________. ***Direitos Humanos e a Jurisdição Constitucional Internacional.*** Revista Brasileira de Direito Constitucional, n. 1, jan/jul, 2003.

_________________. ***Direitos Humanos e o Direito Constitucional Internacional.*** 9ª ed. São Paulo: Saraiva. 2008.

RAMOS, André de Carvalho. ***Pluralidade de Ordens Judiciais: a Relação do Direito Brasileiro com o Direito Internacional.*** Curitiba: Editora Juruá, 2002.

_________________. ***Teoria Geral dos Direitos Humanos na Ordem Internacional.*** 3ª ed. São Paulo: Saraiva, 2013.

_________________. ***A interpretação internacional dos Direitos Humanos: choque ou diálogo com o Supremo Tribunal Federal?.*** In: ***Novos caminhos do direito no século XXI: Direito Internacional, Filosofia Jurídica e Política, Dogmática Jurídica e Direitos Fundamentais: uma homenagem a Celso Lafer.*** Baptista, Luiz Olavo e Ferraz Junior, Tercio Sampaio (orgs.). Curitiba: Juruá.

_________________. ***Realizando a convergência entre o nacional e o internacional: os círculos concêntricos da pluralidade das ordens jurídicas no Brasil.*** **In: Diálogos Jurisdicionais e Direitos Humanos,** Piovesan, Flávia; Saldanha, Jânia Maria Lopes (orgs). Brasília: Gazeta Jurídica, 2016.

________________. ***O diálogo de Cortes, o Supremo Tribunal Federal e a Corte Interamericana de Direitos Humanos.*** In: Amaral Junior, Alberto; Jubilut, Liliana Lyra (orgs). ***O STF e o Direito Internacional dos Direitos Humanos.*** São Paulo: Quartier Latin, 2009.

Rodrigues, Maurício Andreiuolo. ***Poder Constituinte Supranacional: esse novo personagem.*** Porto Alegre: Sérgio Antônio Fabris, 2000.

Ramires, Maurício. ***Diálogo Judicial Internacional – o uso da jurisprudência estrangeira pela justiça constitucional.*** Rio de Janeiro: Lumen Juris, 2016.

Rangel de Mesquita, Maria José. ***Justiça Internacional – Lições Parte I,*** Lisboa: AAFDL, 2010. p. 89.

Rachel, James. ***Elementos de Filosofia Moral.*** Traduzido por F.J., Azevedo Gonçalves, Lisboa: Gradiva, 2004.

Rigaux, Francois. ***A Lei dos Juízes.*** Traduzido por Luís Couceiro Feio. Lisboa: Instituto Piaget, 2000.

Sanchís, Luis Prieto. ***Neoconstitucionalismo y ponderación judicial.*** **In**: Miguel Carbonell (org) ***Neoconstitucionalismo (s),*** 4ª ed. Madrid: Trotta, 2009.

Sarmento, Daniel. ***O Direito Constitucional e o Direito Internacional: diálogos e tensões.*** In: Diálogos Jurisdicionais e Direitos Humanos. Coord: Flávia Piovesan e Jânia Maria Lopes Saldanha. Brasília: Gazeta Jurídica, 2016.

Siqueira, Julio Pinheiro Faro Homem de. ***A ideia de Constituição: uma perspectiva ocidental da antiguidade ao século XXI,*** Revista Mexicana de Derecho Constitucional, Vol. 34, Janeiro-Junho/2016.

Shirer, William Lawrence. ***Ascensão e Queda do Terceiro Reich: Triunfo e consolidação,*** Trad. Pedro Pomar, Rio de Janeiro: Agir, 2008.

Silva, Virgílio Afonso. in ***Direitos humanos, democracia e integração jurídica na América do Sul,*** Armin von Bogdandy, Flávia Piovesan, Mariela Morales Antoniazzi (orgs.). Rio de Janeiro: Lumen Juris, 2010: 515-530.

Streck, Lenio. ***Superando os diversos tipos de positivismos: porque a hermenêutica é apllicatio,*** in Revista do Programa de Pós-Graduação em Direito da UFC, Vol. 34-2, jul./dez. 2014.

________________. ***Neoconstitucionalismo, Positivismo e Pós-positivismo.*** **In:** Ferrajoli, Luigi; Streck, Lenio Luiz; Trindade, André Karam (org.). ***Garantismo, Hermenêutica, e (neo)Constitucionalismo: um debate com Luigi Ferrajoli.*** Porto Alegre: Livraria do Advogado, 2002.

Steiner, Henry; Alston, Philip. ***International Human Rights in Context.*** 2ª ed. New York: Oxfor University Press, 2000.

SUNSTEIN, Cass R. ***A Constitution of Many Minds***. Princeton: Princeton University, 2011.

TELES, Miguel Galvão. ***Eficácia dos tratados na ordem interna portuguesa – condições, termos e limites,*** Lisboa, 1967.

TOMUSCHAT, Christian. ***Human Rights: Between Idealism and Realism***, Oxford, 2003.

TRIEPEL, Heinrich. ***Droit international et droit interne*** Apud Medeiros, Rui. ***Pluralismo jurídico atual como aparente alternativa à controvérsia entre monismo e dualismo.*** Lisboa, 2015. http://www.fd.lisboa.ucp.pt/resources/documents/Centro/Pluralismo%20versus%20monismo%20e%20dualismo_Cat%C3%B3lica%20Talks_Janeiro%202015.pdf.

URUEÑA, René. ***Proteção multinível dos direitos humanos na América Latina? Oportunidades, desafios e riscos.*** In: ***Manual de Proteção Multinível dos Direitos Humanos***. Galindo, George Rodrigo Bandeira; Urueña, René; Pérez, Ainda Torres (orgs). Rede de Direitos Humanos e Educação Superior, 2014.

VAN KLEFFENS, E. Nicolas. ***A soberania em Direito Internacional***. In: Boletim da Faculdade de Direito, Vol. XXXII, Universidade de Coimbra: Editora Coimbra, 1957. p. 11-159.

VIDIGAL, Erick. ***A Lex mercatoria como fonte do direito do comércio internacional e a sua aplicação no Brasil.*** Artigo publicado para a Revista do Senado Federal, n. 186, abr/jun. 2010, Brasília.

WALKER, Neil. ***Pos-Constituente Constitutionalism? The Case of the European Union.* In:** Loughlin, Martin e Walker, Neil. ***The paradox of Constitutionalism: Constituent Power and Constitutional Form.*** Oxford: Oxford University Press, 2007.

WATSON, Alan. ***Legal Transplants: Na approach to Comparative Law,*** 2ª ed. Athens: University of Georgia Press, 1993.

WIGHT, Martin. ***A política do poder***. Tradução de Carlos Sérgio Duarte, Brasília: Editora da Universidade de Brasília, 2002.